COMM053PO

ESTRATEGIAS DE PLANIFICACIÓN Y MARKETING CORPORATIVO

COMM053PO

ESTRATEGIAS DE PLANIFICACIÓN Y MARKETING CORPORATIVO

Lina María Echeverri Cañas

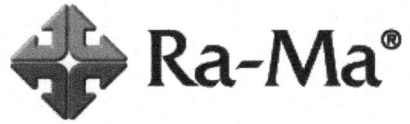

La ley prohíbe
fotocopiar este libro

COMM053PO - ESTRATEGIAS DE PLANIFICACIÓN Y MARKETING CORPORATIVO
© Lina María Echeverri Cañas
© De la edición: Ra-Ma 2025

Editado por:
RA-MA Editorial
Calle Jarama, 3A, Polígono Industrial Igarsa
28860 PARACUELLOS DE JARAMA, Madrid
Teléfono: 91 658 42 80
Fax: 91 662 81 39
Correo electrónico: *editorial@ra-ma.com*
Internet: *www.ra-ma.es* y *www.ra-ma.com*
ISBN: 979-13-8764-295-2
Depósito legal: M-5601-2025
Maquetación: Antonio García Tomé
Diseño de portada: Antonio García Tomé
Filmación e impresión: Safekat
Impreso en España en febrero de 2025

Gracias a mi padre por ser mi raíz,
a mi madre por ser mi mente,
a mi hermana por ser mi alma
y mil gracias a mi amado esposo
por ser mi corazón.

ÍNDICE

INTRODUCCIÓN

Las empresas han encontrado en el marketing, más que una herramienta de apoyo, un escenario en el cual pueden asumir decisiones gerenciales que soportan la dirección estratégica de la organización orientado hacia el consumidor.

La empresa contemporánea debe tener la posibilidad de adoptar la orientación al consumidor, atender más a sus necesidades y no limitarse a venderle simplemente un producto.

El conocimiento del mercado objetivo al que se dirige la empresa permite reorientar las acciones de marketing hacia un segmento claramente definido y con una propuesta de valor para el cliente superior a la que le ofrecen sus competidores.

Las acciones de marketing se construyen a partir de tres componentes básicos: a) el establecimiento de objetivos, b) el diseño de estrategias y c) el planteamiento de las tácticas. En el establecimiento de los objetivos se busca alinear la visión de la empresa con las actividades de marketing, de una manera visible, en la cual los propósitos sean medibles y con un alto impacto en la misión corporativa.

Durante el proceso de formulación de estrategias, el empresario debe definir los objetivos de marketing y financieros que pretende alcanzar a corto y largo plazo. Posteriormente, debe construir los cursos de acción requeridos para su cumplimiento, lo cual implica determinar el cómo y hasta dónde quiere el empresario llegar con la finalidad de mantener los mercados actuales y atraer a los potenciales.

Las estrategias no deben confundirse con actividades; por el contrario son las líneas corporativas que propone un empresario para el cumplimiento de sus objetivos en un determinado plazo.

Las tácticas son la materialización de las estrategias, es decir, son el conjunto de acciones particulares que buscan dar ejecución a las estrategias. Contienen una explicación detallada de métodos, procedimientos, procesos y actividades asignadas previamente. En este sentido, los objetivos, las estrategias y las tácticas se combinan en las acciones de marketing a través del uso de la planificación.

El texto de *Marketing práctico* está diseñado para que el lector adquiera conocimientos que le permitan definir estrategias competitivas relacionadas con las actividades de marketing de su empresa.

El propósito central consiste en que el empresario adopte y aplique los elementos del marketing que determinan la gestión de la empresa ante las actividades de negocios que ésta afronta.

Partiendo de lo anterior, las empresas modernas necesitarán minimizar el riesgo en su toma de decisiones; para lograrlo deben comprender la importancia del concepto de marketing en el marco de la globalización.

La intencionalidad de este libro se fundamenta en el diseño de una guía conceptual y metodológica para la elaboración de planes de marketing. Es una guía que contempla la combinación de los elementos tradicionales y contemporáneos del marketing. El lector podrá identificar la fuerza y sencillez del marketing mientras construye paso a paso un plan de marketing útil para todo tipo de empresa.

El texto expone conceptos clave que podrán ser aplicados a través de una guía sencilla y completa que se anexa al final de cada capítulo estudiado.

PARTE 1

UNA MIRADA PROFUNDA AL MARKETING

▶ Capítulo 1. Marketing: conceptos e ideas

▶ Capítulo 2. El plan de marketing

▶ Capítulo 3. La filosofía empresarial de marketing

Capítulo 1

MARKETING: CONCEPTOS E IDEAS

*"Marketing es el precio que pagan
los clientes para ser más
importantes que los productos".*

Pablo Balseiro

En los próximos años las empresas se enfrentarán a un contexto dinámico y versátil compuesto por nuevos productos, nuevos consumidores y nuevas necesidades.

El marketing se convertirá en un escenario donde las decisiones estratégicas que asuman los empresarios estarán determinadas por el conocimiento profundo de su mercado objetivo.

Para el marketing, ir más allá de satisfacer las necesidades y deseos de los clientes y consumidores ya no será una premisa sostenible a largo plazo. Por el contrario, ahora gira en torno a superar las expectativas y cautivar la atención de un público cada vez más exigente, heterogéneo y complejo.

El éxito depende de las estrategias y tácticas que la empresa aplique para atraer a su demanda futura y fidelizar a sus clientes actuales. Una empresa que adopta el concepto de marketing acepta que el valor de sus clientes es la base fundamental de sus operaciones.

El concepto mismo de marketing ha evolucionado notablemente, pasó de ser un conjunto de herramientas, métodos y técnicas para constituirse en una filosofía empresarial fundamentada en el conocimiento del cliente. Lo anterior está exigiendo que las empresas vuelvan a diseñar su función de marketing a partir de la construcción de nuevas estrategias diferenciadoras y de alto impacto en un entorno que para algunos empresarios es totalmente desconocido. Para aplicar el concepto de marketing, las empresas deben seguir los siguientes pasos:

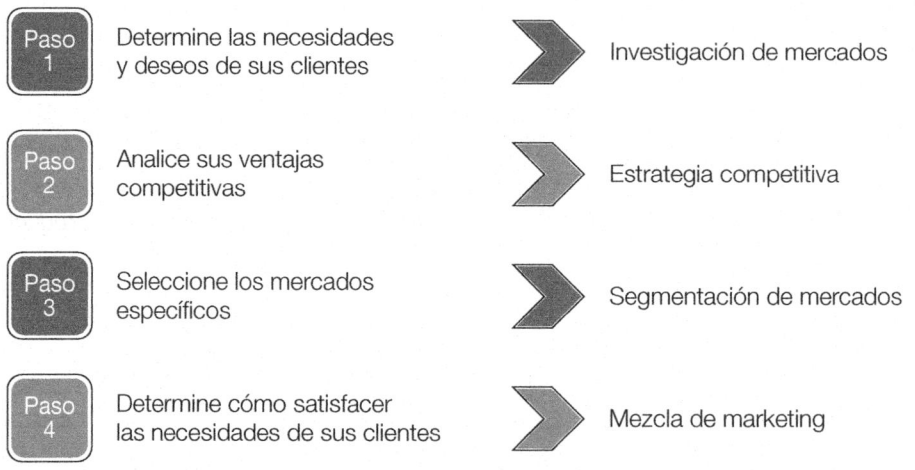

Figura 1.1. *Pasos para la aplicación del concepto de marketing.*

1. **Investigación de mercados.** Para ejecutar la función de marketing satisfactoriamente, es necesario conseguir información acertada sobre el mercado. Con frecuencia, un pequeño estudio de mercado a través de un cuestionario dirigido a clientes antiguos y nuevos puede revelar problemas y áreas de descontento que fácilmente podrían ser solucionados, u ofrecerse de una manera satisfactoria.

2. **Estrategia competitiva.** Un empresario debe tener muy claro cuál es su elemento diferenciador y la ventaja que lo distingue de su competencia en los mercados objetivos.

3. **Seleccione los mercados específicos.** Los propietarios de pequeños negocios han limitado sus recursos en actividades relacionadas con el marketing. Sin embargo, los propietarios se han dado cuenta de que el aumento de competidores y la variedad de productos que hay en el mercado está generando un cambio en la mentalidad del empresario. Ahora éste es consciente de la necesidad de segmentar su mercado. Por esta razón debe centrar sus esfuerzos de marketing sobre uno o más segmentos clave que le permitan construir la base para determinar su mercado objetivo. Es importante considerar que el proceso de segmentación debe ser resultado de una previa investigación de mercados.

4. **Administre la mezcla de marketing.** Hay cuatro decisiones que son significativas en el marketing y que se estudiarán en un capítulo más adelante: producto, precio, lugar de venta y promoción. Estos cuatro elementos forman una parte esencial de la estrategia de marketing.

1.1   ELEMENTOS DE LA ESTRATEGIA DE MARKETING

El mercado potencial o mercado objetivo es un grupo de consumidores hacia quienes la empresa decide dirigir sus bienes, servicios o ideas con una estrategia diseñada para satisfacer sus necesidades y deseos específicos.

Las personas tienen necesidades básicas de comida, hogar, afecto, autoestima y autorrealización. Hay necesidades que forman parte de la naturaleza humana y otras se derivan de las motivaciones personales y sociales de cada individuo. Una necesidad es un requisito básico que un individuo desea satisfacer.

Un deseo es una necesidad reconocida que se forma a partir del conocimiento, la cultura y la personalidad del individuo.

El marketing moderno busca vincular al cliente y consumidor con los productos. Para lograrlo deberá estrechar sus relaciones a través del diseño de bienes y servicios ajustados a los requerimientos de cada cliente.

Para cumplir con la misión del negocio, el empresario debe anticiparse a las necesidades de su público objetivo a través de acciones que superen a las de sus propios competidores. Por ello, la orientación de la empresa hacia el cliente es la primera tarea que debe desarrollar el empresario, ya que esto le permitirá definir estrategias y tácticas de marketing de acuerdo con un segmento y con un producto en particular.

Una vez que el mercado objetivo ha sido seleccionado, el empresario dirige sus actividades hacia la satisfacción de dicho segmento a través de la aplicación de cuatro elementos que componen la estrategia. Estos elementos, cuando se combinan, constituyen la mezcla de marketing, como se aprecia en la tabla 1.1.

La estrategia de producto	Comprende todas las decisiones sobre bienes y servicios. Estas decisiones se construyen a partir del producto, la marca, el envase, la calidad, la garantía, el ciclo de vida y el desarrollo de un nuevo producto.
La política de precios	Es una serie de métodos de fijación de precios competitivos y justificables para los productos que ofrecen las empresas.
La estrategia de distribución	Son las actividades relacionadas con la distribución física de bienes y la selección de canales de comercialización adecuados que determina una empresa para establecer contacto directo o indirecto con su mercado objetivo.
La estrategia promocional	La forma de comunicación con los clientes se compone de elementos como: las ventas personales, las relaciones públicas, la publicidad, el marketing directo y la promoción de ventas. Su objetivo es determinar el tipo de comunicación más conveniente para persuadir la compra de clientes y consumidores.

Tabla 1.1. Elementos de la estrategia de marketing.

1.1.1 ¿Por qué es importante el marketing en la empresa?

Las razones que justifican la aplicación del marketing en la empresa nacen de manifestaciones que se presencian diariamente:

- **Cambios en los patrones de consumo.** En la actualidad las empresas se enfrentan a una nueva cultura de consumo caracterizada por cambios en los estilos de vida, hábitos de consumo, roles de compra y toma de decisiones complejas.

  Hoy día, las personas no se conforman con tener un buen producto. El consumidor del siglo XXI busca que se incremente su calidad de vida, el ahorro de tiempo y las soluciones rápidas a sus necesidades. En este sentido, se hace inminente para el empresario conseguir información oportuna acerca del comportamiento de compra de los clientes y consumidores.

- **La urgencia por segmentar mercados.** Todavía algunas empresas orientan sus estrategias de posicionamiento a mercados no diferenciados. Este último aspecto demuestra lo conservadoras que son las organizaciones al no fragmentar su público objetivo, y considerar en sus preceptos de marketing que sus clientes son, todos, personas o empresas con características, necesidades y comportamientos homogéneos.

  Las actividades de marketing se hacen cada vez más complicadas para las empresas. El paso del tiempo está poniendo de relieve que el acercamiento a los consumidores es progresivamente más difícil, pues los mercados se especializan cada vez más. Esta nueva forma de personalización choca contra la suposición de mercados masivos. Lamb, Hair y McDaniel establecen tres características relacionadas con la personalización: productos hechos a la medida, la entrega inmediata y el valor percibido.

  Por lo pronto, proponer estrategias de diseño de productos homogéneos y considerar que el comportamiento de los consumidores es uniforme ya no son factores acordes con el contexto actual. Si bien las campañas de comunicación también eran más efectivas, la irrupción de nuevas tecnologías permite obtener y tratar un gran volumen de información dirigido a diferentes audiencias.

■ *El enfoque hacia el marketing vs. el enfoque hacia las ventas.* Las ventas no son la única estrategia que le proporcionará sostenibilidad a largo plazo a las empresas. Las ventas son una herramienta fundamental dentro del diseño de estrategias de marketing; sin embargo, son sólo un instrumento de persuasión a través del cual una empresa con visión estratégica buscará fortalecerlas estrechando sus relaciones con su mercado objetivo.

Algunas empresas confunden ambos conceptos, considerándolos sinónimos, sin percatarse que las ventas, junto con la publicidad, las relaciones públicas, la promoción de ventas y el marketing directo, constituyen una sinergia del proceso de comunicación de una organización. Todas las estrategias de persuasión utilizadas por la empresa tienen que orientarse a seducir al cliente a través de la propuesta de valor de su oferta comercial.

■ **La propuesta de valor basada en la diferenciación para el cliente.** Tradicionalmente las empresas construyen su propuesta de valor hacia dos categorías: precio y calidad. El precio es una señal que recibe un cliente y que afecta directamente a las decisiones de compra. El precio no dejará de ser un determinante relevante en el proceso de compra. Sin embargo, la diferenciación se ha convertido en una variable que incide en la decisión de compra de las nuevas generaciones.

Integrar al cliente en la cadena de valor no es una propuesta novedosa; ya lo han mencionado escritores reconocidos como Robert Kaplan y Michael Porter al señalar que la satisfacción de las necesidades y deseos estará determinada por el enfoque de diferenciación.

■ **Integración en Internet.** Se generarán transformaciones en los agentes económicos y en las relaciones de intercambio comercial al incorporar Internet en las estrategias de marketing. Internet es un elemento innovador e ilustra la posibilidad de tener un acercamiento a una amplia tipología de usuarios potenciales con una gran variedad de conductas de compra.

1.1.2   La nueva era del marketing

The American Marketing Association ha definido el marketing como *"el proceso de planificación, ejecución, fijación de precios, promoción y distribución de ideas, bienes y servicios para crear intercambios que satisfagan los objetivos individuales y organizacionales".*

Se considera la comercialización (marketing) como el conjunto de técnicas utilizadas para la comercialización y distribución de un producto entre los diferentes consumidores. En un principio, las organizaciones se limitaban a intentar vender un producto que ya estaba fabricado, es decir, la actividad de marketing era posterior a la producción del bien y sólo pretendía fomentar las ventas de un producto final; ahora tiene muchas más funciones que han de cumplirse antes de iniciarse el proceso de producción. El concepto de marketing se basa en dos creencias fundamentales: primero, toda planificación, política y funcionamiento de una empresa debe orientarse hacia el cliente; segundo, el objetivo de una empresa debe ser un volumen de ventas lucrativas.

1.1.3   La evolución del marketing

El marketing no es una disciplina joven, existe desde los inicios de la civilización. El marketing nace con el trueque. Posteriormente se fue perfeccionado y ajustando a las necesidades de las sociedades según su contexto histórico. Como campo de conocimiento el marketing surge a finales del siglo XIX. Esta disciplina ha pasado por tres fases en su evolución, como se puede observar en la figura 1.2.

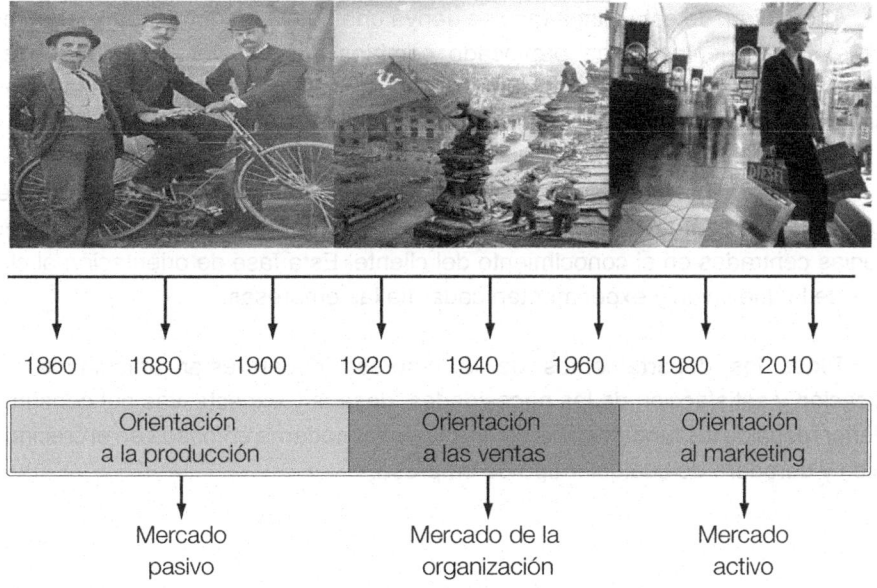

Figura 1.2. Evolución del marketing.

- **Orientación a la producción.** Después de la Revolución Industrial, las organizaciones comenzaron a aplicar una filosofía empresarial que acentuaba la eficacia en la producción de bienes con calidad. La actitud de los empresarios en esta fase es hacia un marketing pasivo, donde la oferta determina la demanda: "Un producto bueno se venderá". Esta fase se caracteriza por la economía de la escasez y por el poder que asumen empresas de carácter monopolista de un bien o servicio necesario.

- **Orientación a las ventas.** En esta fase, las empresas asumen que los consumidores se opondrán o resistirán a la oferta de bienes o servicios no necesarios. La actitud de los empresarios en esta fase es hacia un marketing de la organización. Es decir, requieren del apoyo de la publicidad creativa y del personal para fortalecer las ventas, con el fin de vencer la resistencia de los consumidores y convencerlos para que compren. Nace un importante cargo en la empresa: el vendedor.

- **Orientación al marketing.** Comenzó a surgir durante la gran depresión de los años 30 cuando los ingresos personales, la demanda y el consumo de bienes y servicios disminuyó. Esta situación fue interrumpida por la escasez de bienes generada durante la Segunda Guerra Mundial.

Ahora bien, de esta última fase se deriva una nueva, denominada la orientación al cliente. Esta orientación ha provocado cambios sustanciales, puesto que es la demanda la que determina la oferta. El cliente pasó de ser parte de un mercado con escasez de bienes y servicios a uno con abundancia de bienes y servicios.

Posteriormente el modelo de orientación a las ventas se agota y el marketing resurge como una alternativa para atraer y aumentar la cuota del mercado por medio de estrategias centradas en el conocimiento del cliente. Esta fase de orientación al cliente es parte de lo que viven y experimentan cada día las empresas.

Todos los departamentos de la empresa deben estar articuladas en la identificación y satisfacción de las necesidades, deseos y expectativas del consumidor. Lo anterior respalda los fundamentos de una filosofía moderna enfocada en el crecimiento dinámico y duradero de cualquier tipo de empresa.

Capítulo 2

EL PLAN DE MARKETING

"Desarrollar un plan de marketing debe ser similar al proceso cuando un niño empieza a dar sus primeros pasos".

Manuel Burgos

El marketing es una disciplina que ha evolucionado y ampliado rápidamente los horizontes del conocimiento administrativo en aras de proponer nuevas técnicas y metodologías que permitan que la empresa se aproxime cada vez más a su mercado objetivo. Detrás de esta idea, el empresario busca utilizar diferentes procesos estratégicos de marketing para que la empresa permanezca sostenible o crezca.

Para alcanzar los objetivos corporativos, el empresario debe contar con un plan de marketing, que le puede ayudar a superar los desafíos relacionados con el comportamiento del mercado objetivo.

Por medio de un plan de marketing, la empresa identifica sus fuerzas y debilidades a través de un análisis interno y externo del entorno en el que se desenvuelve, con la finalidad de buscar oportunidades de mercado.

El primer paso es reconocer cuál es la situación actual de la empresa antes de definir o formular estrategias. El segundo paso es comprender el entorno de mercado donde la empresa opera.

El empresario debe iniciar este proceso dando respuesta a la siguiente pregunta: ¿qué es lo que necesitan nuestros clientes y consumidores?

Tener pleno conocimiento de las necesidades y deseos del mercado objetivo implica convertirlos en algo satisfactorio. Por ello, un plan de marketing es una parte esencial de las operaciones de negocio. A menudo el empresario tiene que tomar decisiones en momentos de gran incertidumbre y extraer ventajas del mercado.

Una de las principales tareas que debe realizar el empresario es diseñar las estrategias y determinar las tácticas que le permitan obtener resultados óptimos. Lo prioritario es atraer y conservar un grupo de clientes leales para ampliar la base de clientes y la cuota del mercado. La finalidad del plan de marketing subyace en reducir los riesgos anticipando los cambios en el mercado que pueden afectar el comportamiento del público objetivo.

Un plan de marketing tiene seis componentes, como se puede apreciar en la figura 2.1. Cada componente cuenta con una serie de variables que guiarán al empresario en el diseño de estrategias y a la hora de documentar indicadores, datos, categorías de análisis y proposiciones de una manera precisa y ajustada a sus necesidades de información.

Con esta herramienta la empresa formulará estrategias de marketing considerando el punto de vista de clientes y consumidores. La empresa debe utilizar la información que tiene sobre la organización en sí, sus clientes, sus mercados y su competencia, desarrollando un plan de marketing con objetivos medibles y alcanzables.

Durante la ejecución del plan de marketing deben evaluarse las estrategias que se proponen según el presupuesto establecido. Generalmente las organizaciones elaboran planes de marketing para un período de un año, los cuales deben revisarse y rediseñarse con frecuencia. El plan estratégico de marketing es una herramienta dinámica y sistemática que recoge información de las prácticas empresariales en la función de marketing para un período determinado.

Figura 2.1. *Plan de marketing.*

Capítulo 3

LA FILOSOFÍA EMPRESARIAL DE MARKETING

> *"La estrategia,el sentido de la oportunidad y del momento exacto son las altas cumbres del marketing. Todo lo demás son apenas colinas".*
>
> Al Ries

La filosofía empresarial tiene en cuenta la génesis básica de la formación y de la operación de una empresa; la naturaleza y el propósito de una organización, además de las obligaciones morales que emergen en ella.

De esta manera la filosofía empresarial resulta evidente en un entorno real y digital, ante un nuevo espacio de interacción entre la oferta y la demanda, donde las empresas *offline* y *online* buscan promover su misión, comunicar su esencia en la mente de sus clientes internos y externos a través de la transformación de la información en conocimiento. Esta esencia permite que la identidad generada por la filosofía empresarial sea reconocida y que contenga características propias y únicas de cada organización.

Las empresas en la actualidad se enfrentan al reto de sobrevivir en un entorno digitalizado, donde el aumento de competidores, el acceso a nuevos mercados, la mecanización y automatización de los procesos y el surgimiento de una sociedad civil transnacional hacen que los dirigentes empresariales centren sus esfuerzos en construir una identidad que los fortalezca interior y exteriormente.

Para lograrlo, es necesario que la empresa determine claramente lo que es y lo que quiere llegar a ser. Los elementos que constituyen la filosofía empresarial de marketing son los siguientes:

1. La **misión** es un conjunto de creencias básicas que se derivan de la identidad corporativa y de los objetivos de la compañía, su valor agregado en el mercado y en sus empleados. Una misión debe ser concisa, clara y sencilla, redactada con palabras que inspiren un desafío.

   La misión de una empresa es un instrumento con un alto poder motivacional y entusiasta. Como primera medida se debe comenzar con una misión clara y concisa que indique de la manera más exacta posible en qué consiste el negocio. La misión debe redactarse antes de comenzar con el funcionamiento de la empresa, aunque se han visto casos en donde la misión se anuncia después de que la empresa ha sido puesta en marcha.

2. El **reto** para el empresario al desarrollar una **visión** estratégica es pensar creativamente sobre cómo preparar la empresa para el futuro. La visión es la expresión de la empresa de cara al futuro, hacia dónde quiere llegar la empresa y cómo deberá lograrlo.

   La visión es un conjunto de ideas que reflejan el estado deseado por una institución o empresa hacia el futuro. Para poder determinar la visión de la empresa se deben evaluar las diferentes opciones de cara al futuro, visualizar y proyectar con un horizonte de tiempo determinado.

3. Los **principios** son proposiciones que establece una empresa en torno a las acciones y comportamientos de los individuos. Cada principio, además de enunciarse, debe explicarse detalladamente. Los principios se encargan de aplicar los valores; es decir, una empresa cuenta con una serie de valores, formalizados o no, que forman parte de las creencias organizacionales, las cuales se construyen a partir de la percepción de la realidad y sus

consecuencias. Los principios hacen que los valores se transformen cuando se aplican en la práctica empresarial.

4. El **contexto estratégico** está compuesto por todos los fenómenos y acontecimientos actuales que influyen en el desempeño de la empresa. Es el entorno de la empresa, compuesto por factores, situaciones y tendencias que influyen en el sector y en el modelo de negocio. La dinámica propia de la oferta y demanda de bienes y servicios, así como los cambios en los hábitos de consumo, invitan a replantear y a adaptar las estrategias empresariales en un nuevo entorno. Fenómenos como la coyuntura económica, el incremento de competidores y las barreras de entrada al mercado son aspectos de vital importancia en la planificación de los movimientos estratégicos de la empresa contemporánea.

5. Los **factores claves del éxito** se componen de una serie de variables que inciden de manera positiva en el comportamiento de la empresa y de los productos en el contexto estratégico. Estos factores deben estar articulados en el plan de marketing.

   Cada idea u oportunidad puede convertirse en un factor clave, al igual que aquellos elementos diferenciadores que otorga su producto en un mercado determinado.

6. El **diagnóstico estratégico dinámico** pretende identificar las variables internas y externas que influyen en la actividad del negocio. Algunas de estas variables se pueden convertir en frenos y otras en aceleradores. El diagnóstico estratégico recoge las circunstancias externas e internas que pueden provocar obstáculos o generar oportunidades para la empresa.

   La figura 3.1 expone los elementos que la empresa debe evaluar como posibles frenos y aceleradores.

   Este diagnóstico permite ilustrar el conjunto de situaciones a las que se enfrenta la empresa día a día. La formulación de estrategias se nutre de la columna de aceleradores, ya que consiste en buscar los diferentes caminos para lograr los objetivos de la organización.

   El diagnóstico motiva la formulación de las grandes acciones o los caminos a seguir para el logro de los objetivos y así hacer realidad los resultados esperados. Para algunos administradores este diagnóstico es el equivalente al DOFA, pero vale la pena aclarar que en este punto se simplifica y se pasa a definir los aspectos que frenan a la empresa y por consiguiente cuáles pueden ser las posibles soluciones (aceleradores).

7. La **pirámide estratégica** permite ilustrar el conjunto de estrategias de marketing que una empresa propone aplicar durante un período de tiempo determinado.

El esquema de la estrategia piramidal se desarrolla a través de la proposición de tácticas y programas que permitirán alcanzar y alinear cada estrategia de marketing propuesta. Al definir la estrategia, el empresario debe examinar las necesidades del mercado de hoy y de mañana a la luz de los objetivos y fines de la organización. El concepto de estrategia se ha tomado prestado del ámbito militar y se ha adaptado para los negocios. La estrategia es el curso de acción que forma parte del mapa de navegación de una compañía.

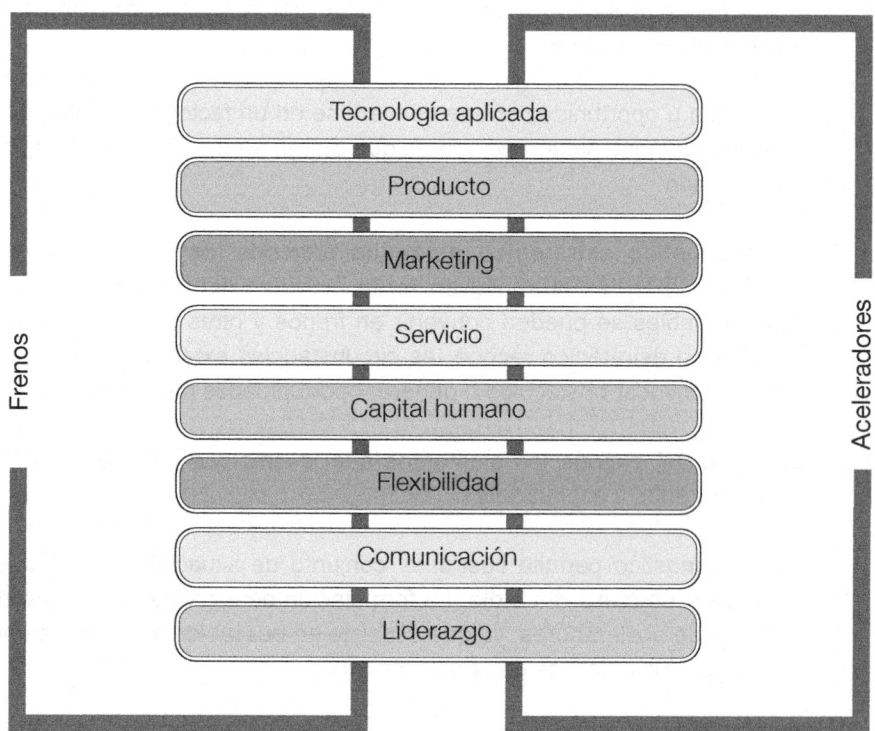

Figura 3.1. *Diagnóstico estratégico dinámico.*

La estrategia consta de acciones importantes y necesarias que fundamentan la dirección. Para formular estrategias, el empresario debe responder la siguiente pregunta:

¿Qué debería estar haciendo la organización?

Para materializar la estrategia, se proponen las tácticas, las cuales deben dar respuesta a la siguiente pregunta:

¿Qué es lo que estamos buscando?

Cada táctica consta de uno o más programas, los cuales se componen de actividades que responden a la siguiente pregunta:

¿Cómo debemos conseguirlo?

Como se puede observar en la figura 3.2, las estrategias están articuladas principalmente con la filosofía corporativa. Cada estrategia está compuesta por tácticas y para la realización de cada táctica se pueden definir uno o más programas. Se construye la pirámide tomando como eje central la mezcla de marketing. Cada punto de la pirámide contiene los elementos fundamentales para diseñar las tácticas y programas de marketing.

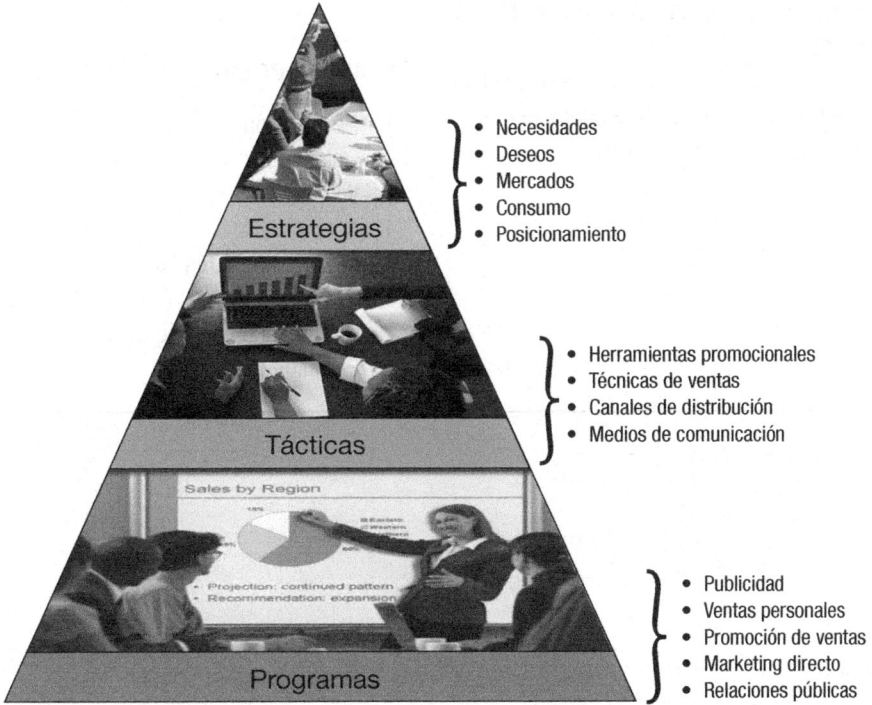

Figura 3.2. *Pirámide estratégica.*

Las tácticas representan las actividades que a medio plazo buscan alcanzar la estrategia. Cada actividad debe ser específica y precisa. Los programas son planes a corto plazo cuya finalidad se centra en la implementación de la estrategia. La pirámide estratégica es la base sobre la cual se construye el plan de marketing.

La filosofía empresarial se fundamenta en los preceptos que construye la identidad corporativa. Dichos preceptos se originan en los principios que toda organización crea y modifica para dar respuesta al contexto en el cual se desenvuelve la compañía. En este sentido, el plan de marketing cumple la función fundamental de materializar la filosofía corporativa.

Diseño de un plan de marketing   Fase 1

Instrucciones

Para empezar el diseño de un plan de marketing, el lector deberá completar los términos de referencia solicitados al final de cada capítulo.

La estructura de la guía es flexible, dependiendo del tipo de negocio, producto o mercado que cada empresa atienda.

Términos de referencia

Para el desarrollo del plan de marketing se recomienda seguir los siguientes pasos:

Filosofía empresarial de marketing

1. Descripción de la empresa
2. Objetivo
3. Visión
4. Principios
5. Contexto estratégico
6. Factores clave del éxito
7. Diagnóstico estratégico dinámico
8. Pirámide estratégica

PARTE 2

LA BIOSFERA DEL MARKETING

Capítulo 4

EL AMBIENTE DE MARKETING

"El futuro tiene muchos nombres.
Para los débiles es lo inalcanzable.
Para los temerosos, lo desconocido.
Para los valientes es la oportunidad".

Víctor Hugo

Los negocios no emprenden sus actividades aislados de los cambios del entorno. Por el contrario, los empresarios deben tener la capacidad de afrontar amenazas de competidores y las fuerzas que emergen en el contexto político, económico, social y tecnológico. Existe un gran número de factores del marketing que inciden directa e indirectamente en las decisiones y prácticas empresariales. Estos factores se agrupan en tres grupos: macroambiente, microambiente y ambiente interno.

El ambiente de marketing comprende un análisis profundo de la situación actual de la empresa, en el cual se reúne información del mercado para observar fenómenos y tendencias del medio cambiante en el que se desenvuelve la empresa.

Hay muchas variables que intervienen en el ambiente de la empresa que obligan a replantear su estrategia. Una organización puede acertar si entiende, planifica y aprovecha los cambios dentro de su ambiente. Para eso, se recomienda que se aplique este análisis como se describe a continuación:

Macroambiente	El ambiente macro incluye todos los factores que están fuera del control directo de la empresa. Una organización generalmente está expuesta a indicadores económicos, modificaciones en las leyes, impacto en el ambiente, avances tecnológicos y cambios culturales que no están al alcance de las empresas. Por lo que la empresa tiene que ser flexible para adaptarse a estos fenómenos del entorno.
Microambiente	Este ambiente influye directamente en la empresa. Está compuesto por los proveedores, intermediarios, clientes y competidores. El término micro hace referencia a lo local, es decir, describe la relación entre las empresas y el contacto con el mercado objetivo. El empresario puede ejercer control sobre los factores mencionados anteriormente.
Ambiente interno	Para el análisis del ambiente interno intervienen factores como: la moral del personal, la liquidez y la disponibilidad de recursos. El ambiente interno también es como marketing interno.

Tabla 4.1. Los ambientes del marketing.

4.1   EL MACROAMBIENTE

El macroambiente o ambiente externo de una empresa está compuesto por cuatro entornos: político, económico, social y tecnológico.

Entorno político. Los factores políticos pueden tener un impacto directo sobre el modo en que funciona la empresa. Las decisiones del gobierno afectan al día a día empresarial a través de las normas o legislaciones que regulan el funcionamiento del negocio.

Este entorno está formado por las leyes, las organizaciones gubernamentales y los grupos de presión que influyen en los individuos de una sociedad determinada.

- **Entorno económico.** La operación de una empresa está influenciada por factores económicos a escala nacional y mundial.

  Indicadores como el PIB, la inflación, el desempleo, las tasas de interés, entre otros, constituyen variables de especial cuidado, ya que responden a los cambios del entorno y a la incidencia de políticas monetarias y fiscales de un determinado país. Lo anterior afecta el poder de compra y los patrones de gasto de los consumidores. Algunas empresas tienen la capacidad de enfrentarse a ciclos económicos muy cambiantes. Un crecimiento económico eficiente representa mayores ingresos y mejor calidad de vida.

- **Entorno social.** Factores sociales como la familia, amigos y medios de comunicación afectan las actitudes, intereses y opiniones de los individuos y, por ende, de la colectividad. Estas fuerzas forman parte del modo de vivir de las personas y de lo que piensan sobre sí mismas.

  El comportamiento de compra de clientes y consumidores está expuesto a factores culturales y sociales que inciden permanentemente en sus decisiones. Dentro de este grupo se encuentra el sistema de creencias y tradiciones, la clase social y las relaciones formales e informales que construye cada individuo en sociedad.

  Los cambios demográficos también tienen un impacto directo sobre todas las organizaciones. Unido a lo anterior, los cambios de la estructura de una población generarán efectos en la oferta y demanda de bienes y servicios dentro de una economía.

  > **NOTA:**
  >
  > *La caída de la tasa de natalidad en Japón ha provocado un fuerte impacto en las ventas y demanda de juguetes, unido a una amplia e intensa rivalidad de los competidores en este sector. De continuar así esta tendencia, se generará un efecto mayor en el futuro en otros sectores, especialmente en aquellos que ofrecen productos para adolescentes.*

- **Entorno tecnológico**. Los avances de la tecnología están provocando cambios en los negocios. Internet tiene un gran impacto sobre el marketing. Se replantean las actividades de marketing, debido a que el contacto con el cliente se efectúa a través de una página *web* o el correo electrónico.

Las TIC (Tecnologías de Información y Comunicaciones) han abierto un gran potencial para la innovación en muchos sectores. El uso de éstas permite a las empresas reestructurar sus organizaciones, los procesos de reingeniería como el acoplamiento del *e-commerce*, y desarrollar productos totalmente nuevos. Estas medidas complementarias implican altos costes adicionales, por ejemplo para la reorganización y el entrenamiento que se debe hacer a los empleados. Estos costes en los que las empresas deben incurrir son posteriormente recuperados gracias a los grandes beneficios que trae la implementación de estas nuevas redes de información y comunicación. En este orden de ideas, las empresas hacen el esfuerzo por confrontar el mercado tecnológico desde diferentes fases para alcanzar el proceso de digitalización como se expone en la figura 4.1.

Fase ofimática
Las empresas se comunican con sus *stakeholders* a través de: teléfono, fax, correo directo. Utilizan ordenadores para tareas internas.

Fase informática
Las empresas incorporan en sus estrategias de comunicación los ordenadores a través de la aplicación del correo electrónico.

Fase interactiva
Las empresas incorporan Internet como una extensión de su negocio para exhibir su imagen corporativa a través de la página *web*.

Fase transaccional
La empresa establece una diálogo *e-commerce* con los *stakeholders*. A través de la página *web* se establece registro de pedidos, opciones de entrega y catálogos de precios.

Fase digital
Una empresa en la fase digital se caracteriza por aplicar soluciones basadas en *database* marketing y estructurar un modelo de negocio e-avanzado orientado a la gestión de conocimiento.

***Figura 4.1.** Fases de las TIC en la función de marketing.[1]*

---

2   Basado en las aportaciones de la Sociedad para la Promoción y Reconversión Industrial S.A. *Guía de autodiagnóstico para Pymes en la utilización de las TIC* (documento electrónico). Disponible en: http://www.spri. es/aSW/web/cas/servicio s/publicaciones/index.jsp

El entorno tecnológico está incentivando la inversión en investigación y desarrollo dentro de las empresas. Ambos elementos serán prioritarios para los países que deseen tener una ventaja competitiva en este campo. Los consumidores ahora pueden hacer compras cómodamente desde sus casas con una disponibilidad de productos las 24 horas diarias, siete días a la semana. La figura 4.2 resume los principales componentes de cada entorno que conforman el macroambiente.

Político
- Regulaciones comerciales
- Impuestos e incentivos
- Regulación de precios
- Protección de la propiedad intelectual
- Legislación laboral
- Requerimientos técnicos para los productos

Económico
- Sistema económico
- Ventajas competitivas
- Crecimiento económico
- Mano de obra cualificada
- Mercados financieros
- Tasa de desempleo
- Inflación
- Tasa de interés
- Tipo de cambio
- Ingreso per cápita

Social
- Indicadores demográficos
- Jerarquía de clases sociales
- Cultura
- Espíritu empresarial
- Responsabilidad ambiental

Tecnológico
- Desarrollos tecnológicos
- Impacto de la tecnología en la oferta de productos
- Estructura de costes
- Impacto en la cadena de valor

Figura 4.2. Análisis del macroambiente.

4.2   EL MICROAMBIENTE

En el microambiente se combinan las fuerzas que tienen un impacto directo con una empresa y que interfieren en la capacidad de atender su mercado objetivo. Como se puede observar en la figura 4.3, el microambiente incluye proveedores, canales de distribución, competidores y clientes.

Proveedores
- Tipo de proveedores
- Tamaño
- Localización
- Criterios de compra

Distribuidores
- Tipo de canal
- Longitud del canal
- Políticas de compra
- Logística
- Gestión de la información
- Inventario
- Transporte

Competidores
- Competidores potenciales
- Competidores del mismo sector
- Productos sustitutos
- Distribuidores
- Proveedores

Clientes
- Tamaño del mercado
- Tendencias de compra
- Perfil del cliente
- Proceso de compra

Figura 4.3. Análisis del microambiente.

■ **Proveedores.** Son las empresas o personas que suministran productos o materias primas que forman parte fundamental del proceso productivo y que aparecen al inicio de la cadena de valor. Los tipos de proveedores y los criterios de selección son determinados por el empresario. A mayor número de proveedores, mayores serán las opciones que tendrá un empresario para tener un fuerte poder de negociación.

- **Distribuidores.** Son las personas o empresas que apoyan la comercialización, venta y promoción de bienes o servicios de la organización hacia el mercado objetivo. Está conformado por mayoristas y minoristas. Los mayoristas son empresas o personas que tienen un contacto indirecto con el cliente final y su estrategia es la venta al por mayor. Dentro de los mayoristas están los intermediarios, agentes y distribuidores. Los minoristas son las empresas que tienen contacto directo con el público objetivo y su estrategia se basa en la venta al por menor. En el grupo de los minoristas están las cadenas de almacenes, los supermercados, tiendas y establecimientos especializados. El empresario define unas políticas o reglas de juego que establece con cada canal de distribución.

- **Clientes.** Corresponde al conjunto de personas y empresas que conforman el mercado objetivo. Cada organización si bien atiende un mercado específico, algunas siguen sin conocer cuáles son las características y factores que influyen en la compra de sus productos. Ningún negocio puede atender a todas las solicitudes del mercado. Un empresario debe identificar el tipo de clientes que atiende y entender con precisión qué es lo que ellos quieren.

- **Competidores.** El gran número de competidores que tienen las empresas en la actualidad ha propiciado el fenómeno de rivalidad amplificada. Este concepto, planteado en sus inicios por el consultor norteamericano Michael Porter, define que existen cinco fuerzas competitivas que determinan las operaciones de la empresa:

  a. *Competidores potenciales.* Al comenzar un negocio se deben considerar las barreras o limitaciones que presenta el mercado. ¿El producto se diferencia de los demás? ¿Qué tipo de características tiene el producto para ser considerado diferente? ¿Se necesita para adquirir una gran inversión para montar el negocio? ¿Hay facilidades para adquirir un crédito? ¿La economía nacional fomenta la creación de empresas? ¿La situación política y social incide en la iniciación de un negocio? ¿La actual política gubernamental apoya la generación de negocios? ¿Cómo afecta la política del gobierno al negocio?

  b. *Competidores del mismo sector.* La competencia genera rivalidad en la mayoría de los negocios. ¿Existe un gran número de competidores de mi negocio? ¿Hay una gran diversidad de competidores? ¿Quiénes son mis competidores?

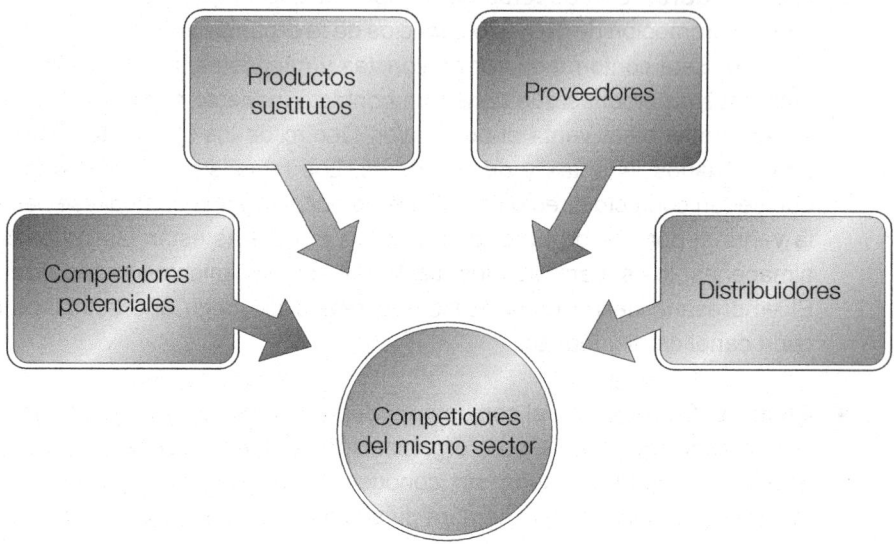

Figura 4.4. *Análisis de la competencia de Porter.*

c. *Productos sustitutos.* ¿Es fuerte la presión de productos sustitutos sobre los que genera mi negocio? ¿Cuáles son los productos que son sustitutos de los que genera mi negocio?

d. *Distribuidores.* ¿Mis canales exigen precio o calidad? ¿Cómo determino la calidad de mis productos? ¿Mi negocio ejerce poder de negociación sobre mis canales? ¿Puedo obtener beneficios en cualquier momento? ¿Mi negocio determina la cantidad de unidades a vender? ¿El cliente es quien decide cuántas unidades compra? ¿Mis canales conocen bien mi negocio? ¿Tengo suficiente información sobre mis clientes?

e. *Proveedores.* ¿Existe un pequeño número de proveedores de mi negocio? ¿Por ser pocos los proveedores, ejercen poder sobre mi negocio? ¿Mis proveedores no están obligados a competir? ¿Mi negocio no es tan representativo en las ganancias de los proveedores? ¿El producto que ofrecen mis proveedores es importante en mi negocio? ¿Hay diferenciación entre los productos que ofrecen los proveedores?

4.3   EL AMBIENTE INTERNO

Los nuevos enfoques sobre cultura empresarial invitan a tomar como objeto de estudio las creencias que surgen en el interior de una empresa. En la medida que los miembros de una organización reconozcan y adopten el marketing en la empresa, esta situación se verá reflejada por una mayor participación directa en la toma de decisiones. El ambiente interno analiza las fortalezas y debilidades que tiene la estructura interna de la empresa y a su vez desarrolla propuestas de incentivos a los empleados para que se vean reflejadas en su interacción con el mercado objetivo.

4.4   NECESIDADES DEL MERCADO

Esto puede ser el tema más importante en el plan de marketing. Siempre se hace necesario identificar la necesidad del mercado que la empresa procura llenar. ¿Qué valor proporciona la empresa a sus clientes?

4.5   ANÁLISIS DOFA Y PUNTOS CRÍTICOS

El empresario reconoce la existencia de una serie de fuerzas internas (fortalezas y debilidades) y externas (oportunidades y amenazas) que inciden en la dirección estratégica de la empresa. De acuerdo con la información suministrada en el Diagnóstico Estratégico Dinámico estudiado en el capítulo 3 del libro, se puede construir el análisis DOFA ya que están estrechamente relacionados. Posteriormente corresponde al empresario precisar los puntos críticos que afectan el plan de marketing a partir del análisis DOFA.

Diseño de un plan de marketing   Fase 2

Instrucciones

El lector puede comenzar el análisis del entorno de marketing considerando variables micro y macro que inciden directa o indirectamente en la empresa.

Para apoyar el análisis, se recomienda utilizar diferentes fuentes secundarias como entidades gubernamentales, gremios, universidades, firmas consultoras, entre otros.

Esta fase tiene un carácter diagnóstico, ya que permite conocer la situación actual de la empresa en un ambiente de marketing.

Términos de referencia

Para continuar con el desarrollo del plan de marketing se recomienda seguir los siguientes pasos:

El ambiente de marketing

1. Macroambiente
2. Microambiente
3. Ambiente interno
4. Necesidades del mercado
5. Análisis DOFA
6. Puntos críticos del análisis DOFA

Capítulo 5

EL MERCADO: UN ENCUENTRO ENTRE LA OFERTA Y LA DEMANDA

"En la fábrica hacemos cosméticos.
En la tienda vendemos esperanza".

Charles H. Revison
(Fundador de Revlon)

Fenómenos como la coyuntura económica, el incremento de competidores y las barreras de entrada al mercado son aspectos de vital importancia en la planificación de los movimientos estratégicos de la empresa contemporánea.

La dinámica propia de la oferta y la demanda de bienes y servicios, así como los cambios en los hábitos de consumo, invitan a replantear y adaptar las actividades de marketing en un nuevo entorno.

Un entorno enmarcado por la globalización de los mercados, un exceso de la oferta mundial y un aumento del consumismo han propiciado la creación de nuevas estrategias y prácticas dentro de cada empresa.

Sin importar el tamaño de la organización, día a día los negocios se enfrentan entre sí, generando una rivalidad propia de las leyes establecidas por el mercado, el cual se encargará de adoptar o expulsar a su conveniencia todos los bienes y servicios que allí se intercambien.

El mercado se ha consolidado como el lugar donde se encuentran la oferta y la demanda en tiempo real o virtual. En ese espacio se presenta el intercambio de bienes y servicios a cambio de dinero o de otros productos. Es un escenario en el cual se efectúan transacciones y se establecen relaciones a corto o largo plazo.

El mercado se divide en dos grupos: mercado de consumo y mercado empresarial. El mercado de consumo está constituido por individuos y familias que compran bienes y servicios para su consumo final.

El mercado empresarial es el conjunto de empresas tanto del sector público como privado que demandan bienes y servicios como materias primas para sus procesos productivos o para el consumo final.

5.1   MERCADO DE CONSUMO

Está formado por personas y familias que adquieren bienes y servicios para su propio consumo y beneficio.

Los bienes comprados en mercados de consumo se clasifican en las siguientes categorías:

- **Productos de consumo frecuente.** Son productos que tienen un alto volumen de demanda, el valor por unidad es bajo y son de consumo rápido. Por ejemplo: periódicos, semillas, frutas, etc.

- **Productos de consumo duradero.** Son aquellos bienes de bajo volumen de consumo y tienen un valor unitario alto. Por ejemplo: televisores, microondas, neveras, zapatos, reproductores de DVD, etc.

- **Servicios.** Son bienes intangibles que tienen una vida útil corta. Por ejemplo: peluquería, servicios odontológicos, telefonía, etc.

5.2 MERCADO EMPRESARIAL

Está formado por empresas, gobierno, canales de distribución e instituciones. En este mercado se comercializan bienes y servicios entre las empresas que no están relacionados directamente con los consumidores. En el mercado empresarial se ofrecen bienes como:

- **Bienes terminados.** Por ejemplo, muebles de oficina, ordenadores, entre otros.

- **Materias primas.** Por ejemplo, acero, gas, maíz, carbón, etc.

- **Servicios corporativos.** Por ejemplo, seguridad, servicios contables, servicios de limpieza, etc.

Los mercados empresariales a menudo requieren de una estrategia comercial diferente a la que se aplica comúnmente a mercados de consumo.

Una empresa puede centrar su estrategia en un pequeño número de compradores potenciales con la finalidad de buscar clientes rentables y establecer relaciones duraderas. Para lograrlo, deberá diseñar acciones orientadas a aumentar la participación en el consumo total del cliente.

PARTE 3
EL CONOCIMIENTO DEL CLIENTE

Capítulo 6

INVESTIGACIÓN DE MERCADOS

"Con la aparición de Internet y del móvil, la industria de la investigación de mercados se enfrenta a una revolución en la recopilación de datos".

Jean March Lech

En todas las empresas, independientemente de su tamaño y de su actividad principal, se está encontrando en la investigación de mercados el soporte para la toma de decisiones futuras.

Las empresas funcionan en un entorno cambiante, desconocido y competitivo. Para afrontarlo, deben obtener información de diferentes fuentes. Por ejemplo, entidades públicas y privadas, contacto directo con clientes, canales y proveedores, Internet, entre otros. La búsqueda de información se ha consolidado como una tarea esencial en el diseño y aplicación de estrategias empresariales.

La información se ha convertido en un aspecto fundamental ante los cambios que se han producido en el entorno de la empresa, el cual es cada vez más complejo, más competitivo y sobre todo más incierto.

Debido a estos cambios en el entorno, las necesidades de información en las empresas han crecido de manera considerable. Por ello, el valor de la información se convertirá en un futuro cercano en la moneda de la nueva economía.

La encargada de suministrar toda esta información (entorno, departamento de marketing) es la investigación de mercados. Esta herramienta permite recoger información del entorno y analizarla para tomar decisiones de manera eficiente. Por una parte, para conocer las oportunidades y amenazas que existan en el entorno, tratando de aprovechar las oportunidades y de neutralizar y solucionar las amenazas. Por otra parte, la investigación de mercados debe permitir diseñar políticas comerciales, planes de marketing concretos, etc.

6.1   DEFINICIÓN DE INVESTIGACIÓN DE MERCADOS

La investigación de mercados es un proceso metodológico para conocer el mercado potencial.

Según Naresh Malhotra, la investigación de mercados es: *"(…) la identificación, recopilación, análisis y difusión de la información de manera sistemática y objetiva, con el propósito de mejorar la toma de decisiones relacionadas con la identificación y solución de problemas y oportunidades de mercadotecnia".*

El proceso de investigación de mercados incluye la identificación, sistematización, recopilación, análisis y distribución de información con el propósito de generar nuevos conocimientos y apoyar el proceso decisorio de una determinada empresa o sector. Las razones por las cuales cada empresario considera en un momento determinado realizar una investigación de mercados varían de acuerdo con las necesidades de información. Sin embargo, la finalidad principal es conseguir información inteligente para una toma de decisiones consistente y aproximada.

La importancia de la investigación de mercados se justifica por las siguientes razones:

- Cambios en el comportamiento de compra de clientes y consumidores.
- Aumento de la competencia.
- Necesidad de información sobre la oferta y la demanda.
- El crecimiento de tecnologías *web* como Internet.

Cada vez hay un mayor número de empresas que están aplicando la investigación de mercados como una actividad fundamental en el desarrollo de acciones de marketing.

6.2 PROCESO DE INVESTIGACIÓN DE MERCADOS

El desarrollo de una investigación de mercados contempla los siguientes elementos:

1. **Definición del problema.** Si el empresario está considerando realizar una investigación de mercados, se debe a que ha identificado oportunidades y necesidades de información.

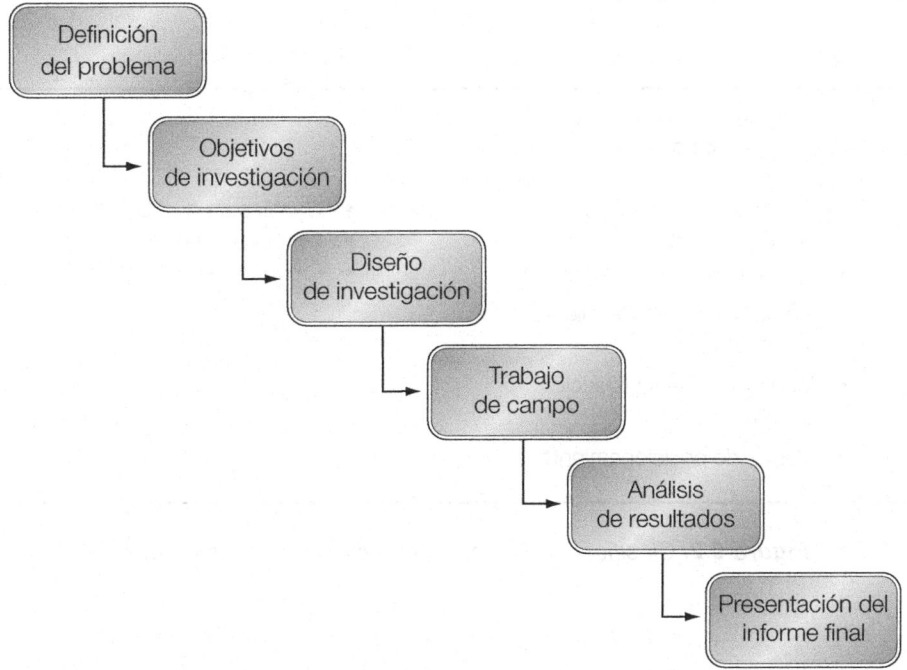

Figura 6.1. *Proceso de investigación de mercados.*

La definición del problema o la identificación de oportunidad es el primer paso para iniciar la investigación de mercados. El problema se basa en las causas, síntomas y aspectos relacionados con la situación actual del mercado al que se dirige la empresa. Este primer paso expone el origen del problema, las razones que justifican abordarlo y la intencionalidad del estudio. El empresario puede identificar diferentes tipos de problemas y oportunidades que pueden ser objeto de estudio en una investigación de mercados, como:

– Lanzamiento de un nuevo producto.
– Poco conocimiento de la empresa o sus productos.
– Bajo consumo de los productos de la empresa.
– Pobre imagen corporativa.
– Problemas con canales de distribución.
– Insatisfacción del cliente.
– Estimación de la demanda potencial.

La figura 6.2 contiene una clasificación de los estudios de mercados que con mayor frecuencia aplican las empresas. Vale la pena aclarar que esta clasificación ejemplifica la diversidad de los estudios en dos perspectivas: desde la demanda y desde la oferta.

Demanda	Oferta
• Pruebas de producto	• Canales de distribución
• Perfil del cliente	• Competencia
• Estimaciones de demanda	• Proveedores
• Comportamiento del cliente y consumidor	
• Medición de la satisfacción del cliente	
• Mapas de posicionamiento	

Figura 6.2. Clasificación de las investigaciones de mercados.

2. **Objetivos de investigación.** Con un problema de marketing o con una oportunidad definida, el paso siguiente es determinar los objetivos de la

investigación de mercados. Un objetivo podría ser explorar la naturaleza de un problema de modo que el empresario pueda hacer un estudio más amplio de su mercado, incluyendo clientes, competencia, canales y proveedores. O quizá decida conocer los factores que influyen en la decisión de compra de clientes y consumidores. Los objetivos deben ser medibles y alcanzables. Los objetivos nacen de las necesidades de información que requiera la empresa.

3. **Diseño de la investigación.** Una vez establecidos los objetivos, el responsable del diseño de la investigación de mercados debe determinar las necesidades de información que resolverán dicho problema. En este sentido, las necesidades de información son categorías o variables de análisis que alimentarán la técnica y el instrumento a utilizar. La investigación de mercados se clasifica en tres categorías:

- Investigación exploratoria.
- Investigación descriptiva.
- Investigación causal.

La *investigación exploratoria* tiene como propósito la formulación de problemas en profundidad, clarificar conceptos, obtener explicaciones, eliminar información innecesaria y construir hipótesis. Busca explorar o examinar un problema o situación para proporcionar conocimiento. Se utilizan técnicas como: sesiones de grupo, entrevistas exhaustivas y técnicas proyectivas.

En la figura 6.3 se pueden observar las características de cada una de estas técnicas.

La *investigación descriptiva* es más rígida que la exploratoria. Su propósito es describir los usuarios de un producto, determinar la proporción de la población que utiliza el producto o predecir la demanda futura de ese mismo producto.

Diferente a la investigación exploratoria, la descriptiva identifica las características de grupos relevantes.

La investigación descriptiva se clasifica en *longitudinal* y *transversal*. La primera categoría estudia a las mismas personas a través del tiempo y se miden las mismas variables. La segunda categoría obtiene información con una o más muestras seleccionadas una sola vez. Un ejemplo de ambas categorías es el siguiente:

Sesión de grupo

- *Tamaño:* de 8 a 12
- *Composición del grupo:* homogéneo, encuestados preseleccionados
- *Entorno físico:* relajado, atmósfera informal
- *Duración:* de una a tres horas
- *Registro:* uso de audio y vídeo
- *Moderador:* habilidades de observación, interpersonales y de comunicación

Entrevista exhaustiva

- *Características:* directa, personal y no estructurada
- *Contacto:* de persona a persona
- *Duración:* de 30 minutos a más de una hora
- *Dirección de la entrevista:* está determinada por la respuesta inicial del entrevistado
- *Formato del interrogatorio:* se realiza con preguntas que empiecen con: ¿por qué? ¿cómo?
- *Objetivo:* descubrir las motivaciones, creencias, actitudes y sentimientos implícitos sobre un tema

Técnica proyectiva

- *Características:* técnica terapéutica
- *Objetivo:* conocer los factores psicológicos de las personas, sus respuestas a estímulos y sus percepciones
- *Contacto:* grupos de 10 a 20 personas
- *Materiales:* utiliza los dibujos, historias, imágenes, palabras

Figura 6.3. *Técnicas utilizadas para la investigación exploratoria.*

Las investigaciones descriptiva y causal conforman el diseño de investigación concluyente.

La *investigación causal* se orienta a la indagación de las causas y efectos de un fenómeno. Adicionalmente, busca establecer la relación entre las variables causales y su posible efecto.

En el diseño de la investigación de mercados, el investigador debe apoyarse en dos tipos de fuentes de información: primarias y secundarias.

Las fuentes primarias son las fuentes informales que provienen del contacto con personas objeto de estudio o de investigaciones cualitativas o cuantitativas. Las fuentes secundarias se dividen en fuentes internas y externas. Dentro de esta clasificación se encuentran las bases de datos, informes, entre otros.

A continuación se mencionan algunas de las técnicas que utiliza la investigación concluyente (descriptiva y causal):

- Encuestas telefónicas.
- Encuestas *online*.
- Métodos de observación.
- El comprador misterioso.
- Encuestas personales.
- Análisis de rastros.

4. **Trabajo de campo.** En esta etapa se procede a aplicar la técnica elegida en el paso anterior. El trabajo de campo representa el proceso de recopilación de información. El investigador aplica la técnica y luego sistematiza y codifica los datos obtenidos para su posterior análisis.

Durante el trabajo de campo, el investigador se puede encontrar con diferentes fuentes de error, como:

- Errores en el diseño de las preguntas.
- Fraude en la información obtenida.
- La falta de respuestas en algunas preguntas.
- Errores de medición.
- Error en la selección de los encuestados.

Es importante que antes de iniciar el trabajo de campo se aplique un proceso de validación de instrumentos (guías, cuestionarios o formatos). En este proceso se involucra a expertos en el tema para que los revisen.

Después de efectuarse la validación del instrumento se desarrolla una prueba con un número reducido de encuestados para identificar de manera preventiva problemas en el diseño y aplicación del cuestionario.

5. **Análisis de resultados.** Con la información agrupada en una base de datos, el investigador inicia el proceso de análisis cualitativo o cuantitativo para convertirlos en información útil y generar nuevos conocimientos. Se recomienda realizar análisis univariado y bivariado en los estudios de mercados sencillos.

6. **Presentación informe final.** La presentación de los resultados de una investigación de mercados se puede realizar de varias formas: verbal, escrita o ambas. Algunas consutorías presentan los informes a través de presentaciones, otras entregan documentos impresos y escritos en forma narrativa. Los componentes de un informe final son:

– Introducción: naturaleza del problema de decisión o a investigar.
– Metodología: diseño de la investigación, fuentes de información, técnicas de análisis de datos, selección y tamaño de la muestra.
– Resultados: incluir tablas o gráficos con su análisis correspondiente.
– Conclusiones: valoración crítica de los resultados.
– Recomendaciones y limitaciones.
– Referencias bibliográficas.

En las tablas y figuras deben incluirse los siguientes datos:

– Número del gráfico.
– Título o subtítulo.
– Nota al pie del gráfico (fuentes, aclaraciones, etc.).
– Colocación: lo más cerca posible del sitio en el que se menciona en el texto. No saturar el gráfico con datos.

Para la realización de las figuras se puede utilizar alguno de los tres diagramas siguientes:

a. *Diagrama circular:* la magnitud de los datos viene dada por el tamaño de la sección (número de divisiones, colores, gráfico 6.1).

b. *Diagrama de barras:* la magnitud de los datos viene dada por la longitud de la barra (comparaciones múltiples, gráfico 6.2).

c. *Diagramas de líneas* (gráfico 6.3).

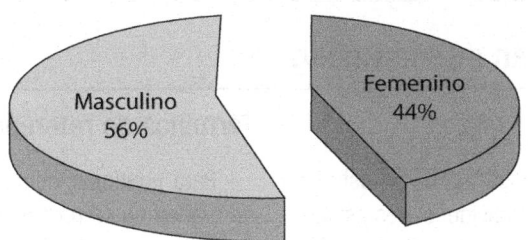

Gráfico 6.1. *Distribución porcentual del género de los encuestados.*

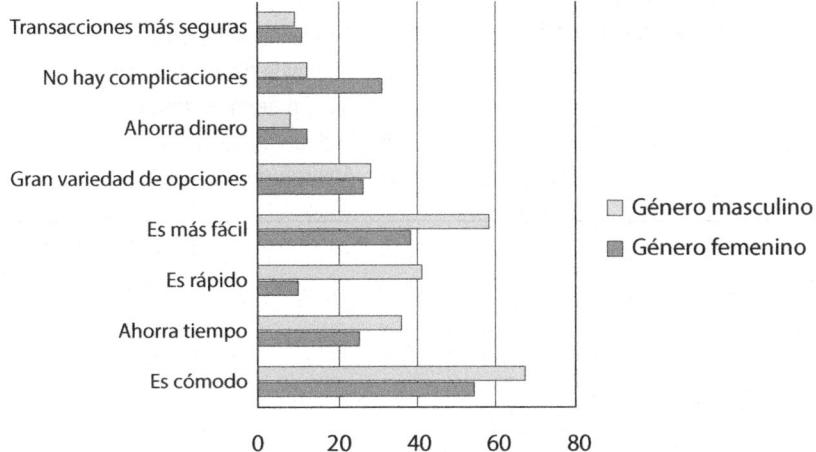

Gráfico 6.2. *Motivos de satisfacción con las compras online según género.*

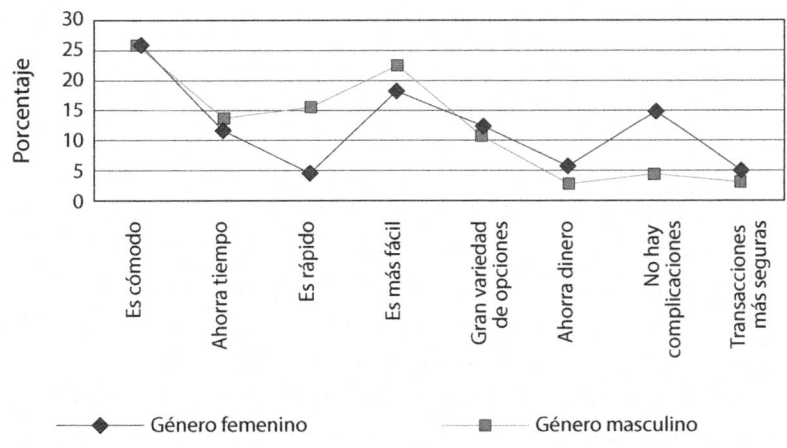

Gráfico 6.3. *Distribución porcentual de los motivos de satisfacción con las compras online según género.*

Diseño de un plan de marketing   Fase 3

Instrucciones

En el diseño y planificación de un estudio de mercados se deben considerar tres aspectos primordiales: definición de objetivos, determinación de la técnica y el tiempo requerido.

El lector puede aplicar algunas de las técnicas estudiadas y realizar un estudio de mercados ajustado a su presupuesto.

Términos de referencia

Para continuar con el desarrollo del plan de marketing se recomienda seguir los siguientes pasos:

Investigación de mercados

1. Definición del problema
2. Objetivos de la investigación
3. Diseño de investigación
4. Trabajo de campo
5. Análisis de resultados

Capítulo 7

EL CONSUMIDOR: ¿QUÉ LO MOTIVA A COMPRAR?

"La mejor manera de retener a los clientes es pensar todo el tiempo en cómo darles más por menos".

Philip Kotler

El consumidor es el eje central del marketing. Es quien usa o consume un bien o servicio. Para algunas empresas existen distinciones en cuanto al concepto de consumidor y cliente. Este último en algunas organizaciones se personifica en el canal de distribución. Desde la perspectiva del marketing, hay diferentes tipos de clientes:

- **Influenciador:** quien ejerce presión en el proceso de compra.
- **Comprador:** quien ejecuta el acto de la compra.
- **Decisor**: quien autoriza la compra.
- **Consumidor** o **usuario:** quien consume o utiliza el producto.

Es importante que los empresarios consideren que el marketing no se orienta solamente a un mercado masivo, sino a uno reiterativo. Es decir, su propósito es atraer al cliente de modo que regrese muchas veces a comprar el producto o el servicio que ofrece la empresa. Para lograrlo, un empresario tiene la tarea de comenzar por estudiar la caja negra del consumidor, es decir, la mente, la cual almacena información relevante en términos de marketing sobre sus gustos, motivos, preferencias y conducta de compra, entre otros.

La conducta de compra es una manifestación externa que hace el individuo como respuesta a una serie de estímulos positivos o negativos.

Una parte importante del estudio del marketing consiste en entender el comportamiento de compra de clientes y consumidores. Sin tal entendimiento, las empresas encontrarían grandes dificultades en el momento de responder a las necesidades y deseos de su mercado objetivo.

Es importante diferenciar que el comportamiento de compra varía tanto para los mercados de consumo como para los empresariales. Las empresas destinan grandes sumas de dinero para conocer lo que tiene en mente el consumidor. En ese proceso de conocimiento, surgen unas preguntas previas que se deben resolver:

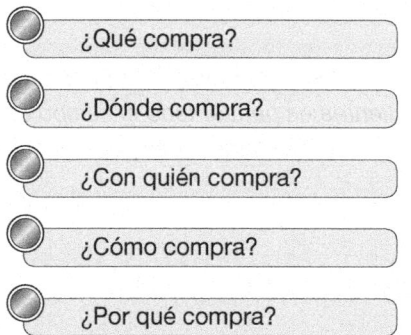

El desafío para un empresario es entender la manera en que los clientes podrían responder a los elementos diferentes que se presentan en la mezcla de marketing.

Si el empresario entiende las reacciones y acciones del consumidor mejor que su competencia, esta situación se constituiría en una fuente significativa de ventaja competitiva.

7.1   EL PROCESO DE COMPRA

El proceso de compra de los consumidores se compone de cinco etapas que determinan su decisión de compra.

- **Etapa 1: despertar la necesidad.** El proceso de compra comienza con el reconocimiento de la necesidad. En esta etapa, el comprador reconoce un problema o necesidad (por ejemplo: tengo hambre, necesitamos un nuevo sofá, tengo dolor de cabeza) o responde a un estímulo de la mezcla de marketing (por ejemplo, cuando un individuo camina cerca de un local de venta de café en grano y se siente atraído por el aroma).

■ **Etapa 2: búsqueda de la información.** Una vez identificada la necesidad, el consumidor decide cuánta y qué tipo de información necesita para tomar la decisión de compra. Si la necesidad es fuerte y hay un producto que la satisface, el proceso de compra será corto y rápido. Por el contrario, el proceso de búsqueda de la información apenas comienza.

Un consumidor puede obtener información de diferentes fuentes:

– *Mercado natural:* familia, amigos, compañeros de trabajo, etc.

– *Fuentes comerciales:* publicidad, vendedores, canales de distribución, puntos de venta, entre otros.

– *Medios:* periódicos, radio, televisión, revistas.

– *Fuentes experimentales:* degustaciones, aprendizaje, uso del producto.

La utilidad de estas fuentes de información variará según el tipo de producto y el tipo de cliente. Los empresarios deben identificar cuáles son las fuentes más influyentes.

Para la mayoría de las empresas los mercados naturales tienen mayor impacto porque allí se genera el "boca a boca".

■ **Etapa 3: evaluación de alternativas.** En esta etapa el cliente debe escoger entre las marcas, bienes o servicios que encuentra en el mercado.

■ **Etapa 4: compra.** Como su nombre indica, el consumidor elige el producto y efectúa la compra.

■ **Etapa 5: conducta poscompra.** Una vez efectuada la compra, el consumidor evalúa si se siente satisfecho o no con el producto adquirido.

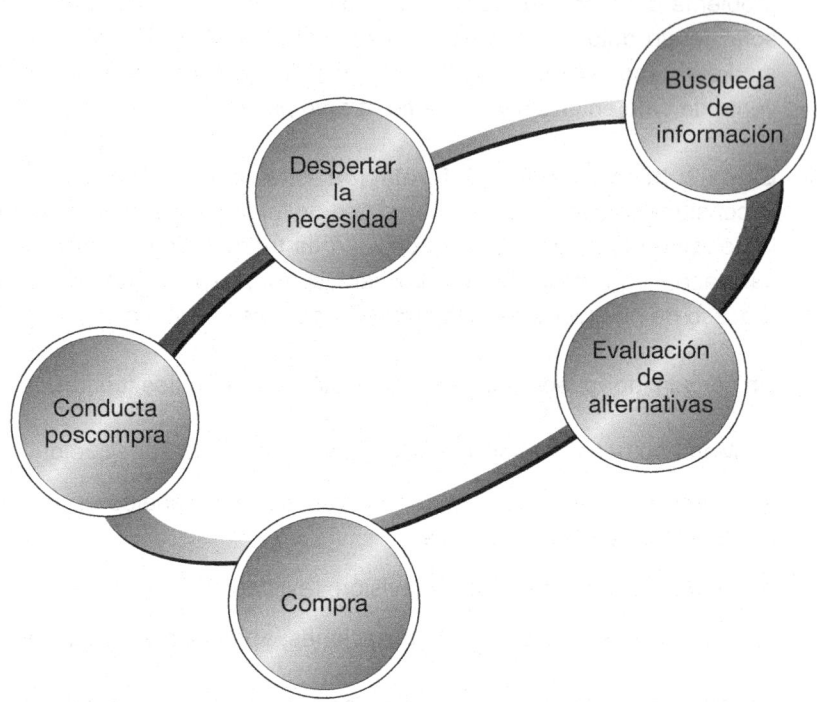

Figura 7.1. *Etapas del proceso de compra.*

7.2   FACTORES QUE INFLUYEN EN LA DECISIÓN DE COMPRA

En la teoría del comportamiento del consumidor se analizan cuatro factores que influyen en la decisión de compra: culturales, sociales, personales y psicológicos. Todo individuo se expone continuamente a variables que inciden sobre su proceso de compra.

En primer lugar están los *factores culturales*, los cuales representan todo el sistema de creencias, costumbres, símbolos y lenguajes que adquiere un individuo en una sociedad. Durante el proceso de crecimiento, los niños aprenden valores y creencias derivados de su familia o del grupo social al que pertenezcan.

La mezcla de marketing debe estar articulada en los cambios culturales. Por ejemplo, las manifestaciones hacia el cuidado de la salud han generado oportunidades de negocio para la oferta de productos dietéticos en diferentes grupos sociales. De modo similar, el deseo de aumentar el tiempo libre ha causado una mayor demanda de productos de conveniencia como microondas, comidas rápidas, servicios bancarios por teléfono y seguros.

Cada cultura contiene subculturas. Una subcultura es un grupo minoritario de personas que tienen valores e intereses comunes. Las subculturas suelen clasificarse según su nacionalidad, religión, raza o ubicación geográfica. A veces una subcultura constituye un mercado específico y distintivo de los demás segmentos. Así mismo, las características de las clases sociales pueden crear grupos de clientes diferenciados. De hecho, existen empresas que utilizan los estratos sociales para construir su perfil del cliente.

Es importante tener en cuenta que las clases sociales fueron creadas para organizar de manera jerárquica a la sociedad según sus ingresos. Sin embargo, hay consumidores que tienen altos ingresos pero prefieren habitar en zonas o barrios de estratos bajos. Su conducta se explica por varias razones: el ambiente del lugar, la cercanía a centros comerciales, el ahorro en el pago de servicios públicos o por el valor comercial de un inmueble.

En segundo lugar están los *factores sociales*, compuestos por grupos de referencia como la familia y los amigos, los papeles y el estatus social. Los grupos de referencia se dividen en dos categorías: grupos de pertenencia y grupos aspiracionales. Los grupos de pertenencia están formados por la familia y los amigos. Los grupos aspiracionales se clasifican en previsores y simbólicos.

Los previsores son grupos que representan estatus, reconocimiento y poder en niveles jerárquicos altos. Por ejemplo, un comprador puede admirar a otro que ha logrado éxito y autorrealización personal. Esta situación genera el deseo de alcanzar lo mismo que su previsor, lo que motivará la demanda de bienes y servicios acorde con el estilo de vida de su grupo aspiracional. Por otra parte, existen compradores que desean pertenecer a ciertos grupos a los que no tienen acceso; lo anterior se conoce como los grupos simbólicos.

En lo relacionado con los roles de compra, cada individuo tiene papeles diferentes en la sociedad. Están basados en las expectativas que tiene el comprador sobre su posición dentro de un grupo. En este sentido, un rol de compra puede ser la relación padre-hijo en la cual se conjugan opiniones y consejos en el momento de tomar la decisión de compra. El estatus se genera por el papel que tenga un individuo en el grupo al que pertenece.

En tercer lugar están los *factores personales*, los cuales contemplan la personalidad y el estilo de vida. La personalidad es un conjunto de características

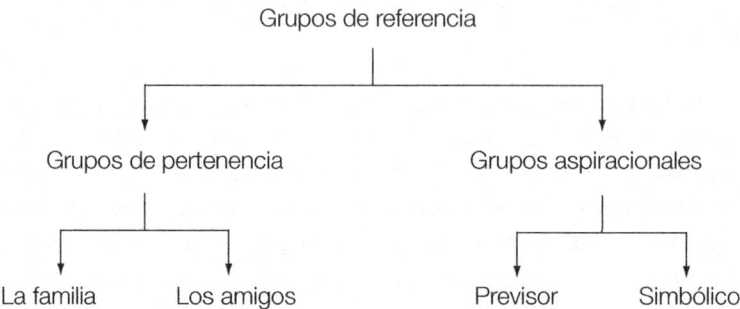

Figura 7.2. *Factores sociales.*

relacionadas con los pensamientos, sentimientos y comportamientos que tiene un individuo y que lo hacen único. Los estilos de vida representan los modos de vida de los individuos. En el estudio del consumidor, la personalidad y los estilos de vida describen el carácter y actividades que tienen los compradores en su vida cotidiana. Esta información la utilizan las empresas para formular estrategias de fidelidad a clientes y consumidores.

Y finalmente están los *factores psicológicos*, los cuales incluyen la motivación, percepción, aprendizaje, actitudes y creencias de un individuo o un colectivo respecto a un bien o servicio, a una marca, a una empresa, entre otros.

Precisamente la motivación y la percepción son factores que han sido objeto de estudio de las investigaciones de mercado.

El ser humano tiene dos tipos de motivaciones: personales y sociales. Ambas están articuladas en su jerarquía de necesidades. Adicionalmente, las características del consumidor pueden afectar su percepción. Por ejemplo, un cambio en el envase de un producto puede ser inmediatamente detectado por el comprador (umbral diferencial) o, por el contrario, puede pasar totalmente desapercibido (umbral absoluto).

Capítulo 8

LA SEGMENTACIÓN: ESCUCHANDO LA VOZ DEL CLIENTE

"No hay inversión más rentable que la del conocimiento"

Benjamin Franklin

La segmentación es el proceso de dividir el mercado en diferentes partes. El objetivo de este proceso es definir el mercado objetivo y centrar las acciones que se derivan del marketing. La segmentación permite identificar un grupo de compradores actuales y potenciales dentro de un mercado en el que comparten necesidades e intereses similares. Tradicionalmente, los empresarios aplicaban una segmentación intuitiva favorecida por la relación cercana con sus clientes. Ahora, con el incremento de la competencia, el público objetivo se hace cada vez más desconocido y más exigente. Sigue aumentando el número de individuos que tiene una mayor cantidad de necesidades heterogéneas. Simultáneamente se evidencia una amplia variedad de productos como alternativas de elección de compra. La segmentación es el proceso de fragmentar un mercado total en grupos que comparten necesidades de productos relativamente similares. Para que la segmentación se produzca se necesita que:

- Los segmentos tengan suficiente potencial para justificar el desarrollo de estrategias de marketing, es decir, deben ser atractivos para la empresa.

- Los consumidores tengan necesidades heterogéneas sobre el producto.

- La empresa esté disponible para realizar investigaciones de su segmento de mercado.

8.1   ESTRATEGIAS DE SEGMENTACIÓN

Existen cuatro estrategias de segmentación:

a. **Indiferenciada.** Aquellas empresas que atienden amplios segmentos con productos homogéneos y buscan satisfacer necesidades comunes de la población objetivo. No hay diferenciación, y uno de los principales determinantes en la compra es el precio. Se da un marketing masivo.

b. **Diferenciada.** Ante un amplio mercado, la empresa segmenta su público objetivo en grupos distintos, además diseña una oferta particular para cada uno. El marketing diferenciado es igual al segmentado.

c. **Concentrada.** A partir de una segmentación previa, la empresa sigue dividiendo el mercado en grupos aún más específicos. Su objetivo es tener la oferta de bienes y servicios especializada de acuerdo con los requerimientos de cada mercado. Se da una segmentación de nicho.

Los niños: un mercado de futuro

Los niños son influenciadores y compradores potenciales que están siendo considerados como un segmento con un alto potencial de compra. Los niños ejercen presión directa sobre sus padres cuando desean un producto. También en su proceso de crecimiento demandan un amplio volumen de artículos personales, para el hogar y para la educación.

d. Micromarketing. Cada individuo o grupo es un mercado diferente. La oferta se personaliza. Se requiere de un profundo conocimiento del cliente así como capacidad para atender las particularidades, exigencias y necesidades de cada individuo.

En la figura 8.1 se pueden observar los cuatro niveles de segmentación. La segmentación se construye al final de un proceso de investigación de mercados. Una vez identificado el mercado objetivo, se define la estrategia de posicionamiento y finalmente se elabora el plan de marketing.

Figura 8.1. *Niveles de segmentación.*

La segmentación de mercados ha cobrado importancia debido a que el consumidor cambia sus decisiones de compra continuamente. Hay un desconocimiento de la demanda, de sus necesidades individuales, sus preferencias y comportamientos particulares.

Según la Universidad de Harvard, en la actualidad las empresas están redescubriendo el proceso de segmentación. A partir de la década de los 60 las empresas aplicaron una segmentación demográfica como parte fundamental de su estrategia comercial. Con el tiempo, las organizaciones identificaron que este tipo de segmentación no profundizaba sobre el conocimiento del cliente. No era suficiente saber la edad o el género de los compradores, y las empresas comenzaron a necesitar información referente al tipo de producto, la frecuencia, el volumen, el lugar y los hábitos de compra de sus clientes.

Las segmentaciones construidas con datos de comportamiento empezaron a ayudar a las empresas a determinar qué tipo de productos se desarrollarían, qué canales de distribución apoyarían la comercialización y qué estrategias promocionales se ofrecerían a su mercado objetivo.

En el mundo empresarial de hoy, cada empresa define su propia estrategia de segmentación. Algunas reúnen información de su público objetivo combinando variables demográficas con comportamentales. Otras empresas aplican segmentaciones generacionales o por zonas geográficas.

8.2   ¿CÓMO SEGMENTAR MERCADOS DE CONSUMO?

Las variables que se combinan en los procesos de segmentación tienen el mismo propósito: construir el perfil del mercado objetivo. La tendencia del marketing va más allá de la obtención de datos demográficos, dirigiéndose al análisis e interpretación de información comportamental.

La figura 8.2 presenta algunas de las variables más utilizadas por las empresas para segmentar mercados de consumo:

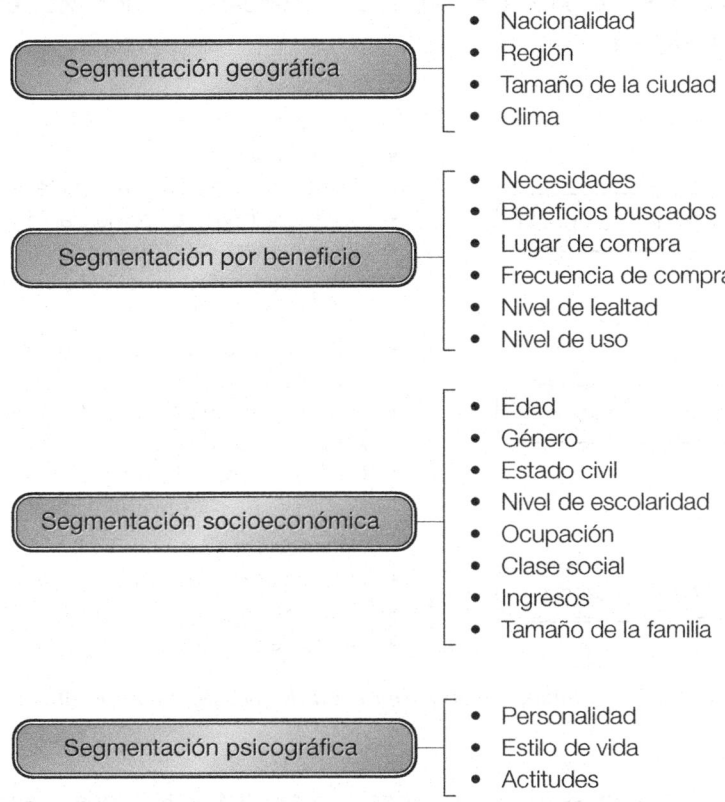

Figura 8.2. *Variables de segmentación de mercados de consumo.*

8.3   ¿CÓMO SEGMENTAR MERCADOS CORPORATIVOS?

Hay empresas que ofrecen bienes y servicios a otras organizaciones. Los mercados corporativos pueden ser de carácter industrial, comercial e institucional. Estos mercados se caracterizan porque adquieren bienes muy especializados, demandan volúmenes superiores y su proceso de negociación es totalmente diferente a los mercados estudiados en secciones anteriores. Las empresas que adquieren bienes a otras empresas son susceptibles a lo que comúnmente se le denomina como la demanda derivada. Lo anterior significa que la demanda de los productos industriales depende del comportamiento de la demanda de los mercados de consumo.

La figura 8.3 expone las variables a considerar en una segmentación de mercados corporativos.

Figura 8.3. *Variables de segmentación de mercados corporativos.*

A continuación se presentan dos figuras, 8.4 y 8.5, que ejemplifican la segmentación del mercado de consumo y corporativo.

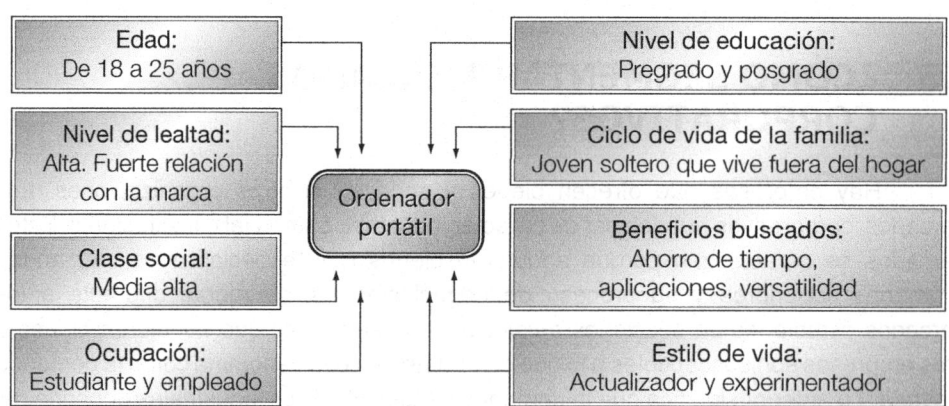

Figura 8.4. *Ejemplo de segmentación de mercados de consumo para un comprador de ordenadores portátiles.*

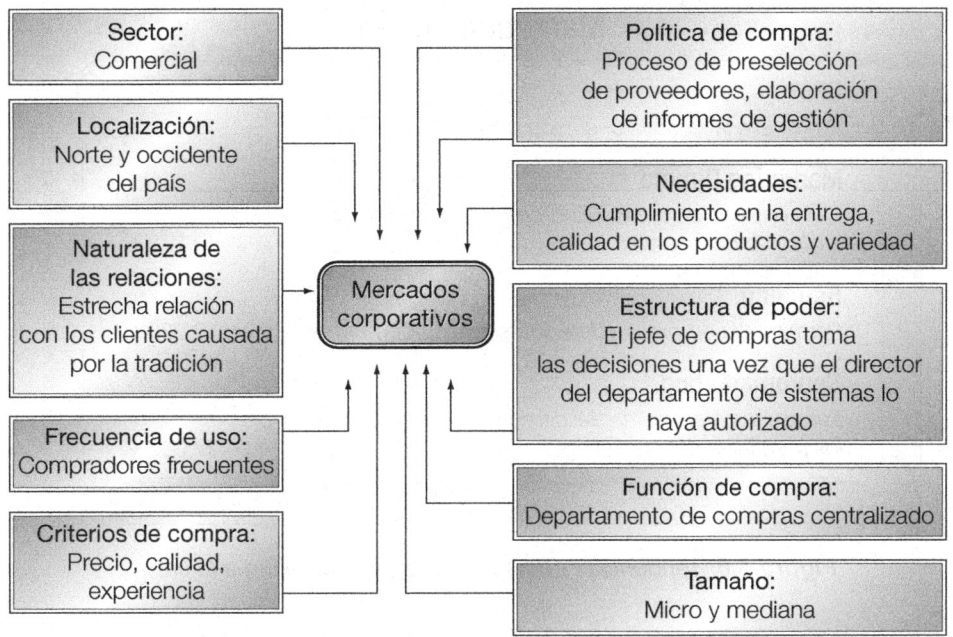

Figura 8.5. *Ejemplo de segmentación de mercados corporativos.*

8.4 MARKETING A LA CARTA: SEGMENTACIÓN AL EXTREMO

Como se ha mencionado anteriormente, uno de los tipos de segmentación que más se ha ido popularizando en los últimos años es el marketing personalizado o individualizado. Este tipo de segmentación se conoce como "Marketing a la carta". Consiste en proporcionar a cada cliente particular una oferta distinta que esté adaptada a sus necesidades, todo eso gracias a las posibilidades que permiten las nuevas tecnologías.

Es decir, se puede considerar a cada cliente como un segmento. Para la mayor parte de negocios, una fuente primaria de crecimiento son los nuevos clientes. La personalización de bienes o servicios requiere que la empresa tenga la capacidad para atender a un mercado cambiante y heterogéneo. Este nuevo enfoque es parte central de todas las estrategias de marketing que están aplicando algunas empresas como: la administración de las relaciones con los clientes (CRM), el marketing directo (*Directing*), la gerencia de marca (*Branding*), entre otros.

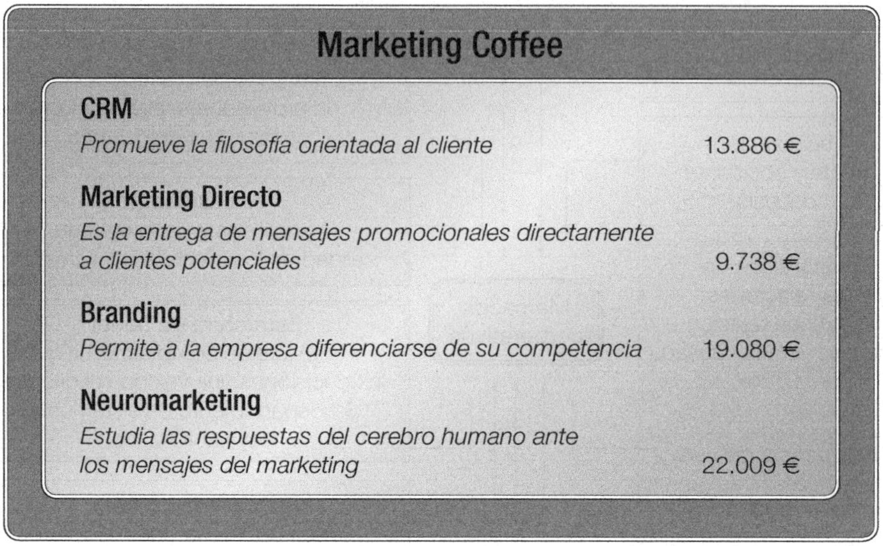

Marketing Coffee

CRM
Promueve la filosofía orientada al cliente   13.886 €

Marketing Directo
*Es la entrega de mensajes promocionales directamente
a clientes potenciales*   9.738 €

Branding
Permite a la empresa diferenciarse de su competencia   19.080 €

Neuromarketing
*Estudia las respuestas del cerebro humano ante
los mensajes del marketing*   22.009 €

Figura 8.6. *Tendencias que se orientan al marketing a la carta.*

Diseño de un plan de marketing   Fase 4

Instrucciones

El proceso de segmentación debe comenzar con una investigación de mercados. No se pueden determinar segmentos de manera intuitiva. Por esta razón, la segmentación debe contemplar tres fases: a. Plantear la estrategia de segmentación adecuada; b. Realizar una caracterización del perfil de cada segmento; c. Establecer cuáles serán los mercados potenciales objeto de estudio para la empresa.

Términos de referencia

Para continuar con el desarrollo del plan de marketing se recomienda seguir los siguientes pasos:

Segmentación de mercados

1. Estrategia de segmentación
2. Perfil del segmento
3. Mercados objetivo

Capítulo 9

EL POSICIONAMIENTO: ¿CÓMO LLEGAR A SER EL PRIMERO EN LA MENTE DEL CONSUMIDOR?

"Lo diferente no siempre será lo mejor, pero lo mejor siempre será diferente"

Harlman

Es el lugar que toda empresa desea tener en la mente del consumidor. El posicionamiento es la manera en que el mercado objetivo define una empresa en relación con otra. La mente del consumidor captura imágenes de productos y ubica las marcas en relación con las demás. Un buen posicionamiento se caracteriza porque hace que la empresa y el producto sean únicos en la mente del consumidor. Esta condición se considera como un beneficio para el mercado objetivo. El posicionamiento es importante porque la empresa compite generando ruido para atraer la atención de los compradores potenciales. El posicionamiento tiene la tarea de:

- Fortalecer el mensaje que comunica el producto hacia los consumidores.
- Dirigirse a un segmento particular.
- Asegurar la diferenciación de los productos en la mente de los consumidores.
- Decidir el terreno donde se va a competir.
- Analizar las posibilidades de reposicionamiento.

La frase "Cherchez le creneau" significa "Busque el hueco" en el mercado. No basta con generar recuerdo en la mente de los consumidores; hay que ser el primero en ocupar el lugar.

Para definir el posicionamiento que la empresa desea lograr, el empresario debe responder las siguientes preguntas:

- ¿Cuál es la posición de su competencia?
- ¿Cómo perciben sus productos sus clientes?
- ¿Cuáles son las ventajas competitivas que usted le ofrece a su mercado potencial?

Si la empresa puede mantener una ventaja única, tiene una mayor posibilidad de captar la atención de sus compradores. Hay que entender el producto desde el punto de vista del consumidor y de la competencia.

La ventaja competitiva es una pregunta interna que debe hacerse permanentemente: ¿qué lo diferencia a usted de sus competidores?

Como aparece en la figura 9.1, el primer paso es determinar su ventaja competitiva. El segundo paso es proponer una estrategia de posicionamiento. Un empresario puede elegir cuál de las siguientes estrategias de posicionamiento va a aplicar:

- **Por atributos del producto.** ¿Cuáles son los atributos específicos de mi producto?
- **Por beneficios.** ¿Cuáles son los beneficios que ofrezco a mi mercado objetivo?
- **Por uso.** ¿Cuándo y cómo se puede usar mi producto?
- **Por usuarios.** ¿Qué tipo de usuarios adquieren mi producto?
- **Contra un competidor.** ¿Cómo está mi producto frente a la competencia?

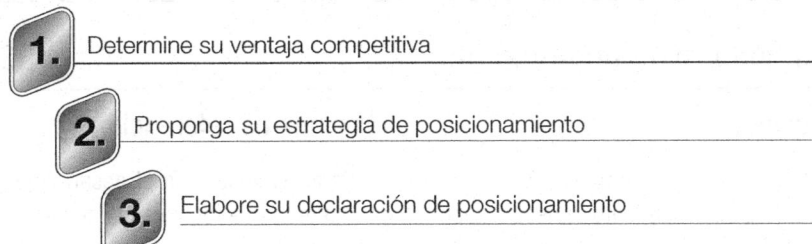

Figura 9.1. *Pasos para definir el posicionamiento.*

El último paso para aplicar la estrategia de posicionamiento es el diseño de una declaración de posicionamiento. La declaración es la promesa de valor que hace la empresa a su mercado objetivo.

A continuación se explica el formato que tiene la declaración de posicionamiento. Las palabras en cursiva representan los espacios que se deben completar:

Para [*describa el mercado objetivo*]
que [*describa las necesidades*]
este [*bien o servicio*]
proporciona [*mencione los beneficios*].

A diferencia de la competencia, nosotros [*mencione qué lo diferencia de la competencia*].

Un ejemplo de declaración de posicionamiento para un parque temático sería el siguiente:

Para los jóvenes y las familias que buscan entretenimiento, el parque temático ofrece seguridad, variedad de atracciones y horarios flexibles. A diferencia de la competencia, nosotros tenemos amplias instalaciones, aparcamiento gratuito y personal entrenado según estándares internacionales.

Diseño de un plan de marketing   Fase 5

Instrucciones

Antes de iniciar la formulación de la estrategia de posicionamiento, el lector debe reflexionar acerca de: ¿cuál es la posición de su competencia? ¿Cómo sus clientes perciben sus productos? ¿Cuáles son las ventajas competitivas que usted le ofrece a su mercado objetivo? ¿Qué estrategia de posicionamiento va a plantear para el próximo período? ¿O va a mantener la actual? ¿Cuál es la declaración de posicionamiento?

Términos de referencia

Para continuar con el desarrollo del plan de marketing se recomienda seguir los siguientes pasos:

Posicionamiento

1. Ventajas competitivas
2. Estrategias de posicionamiento
3. Declaración de posicionamiento

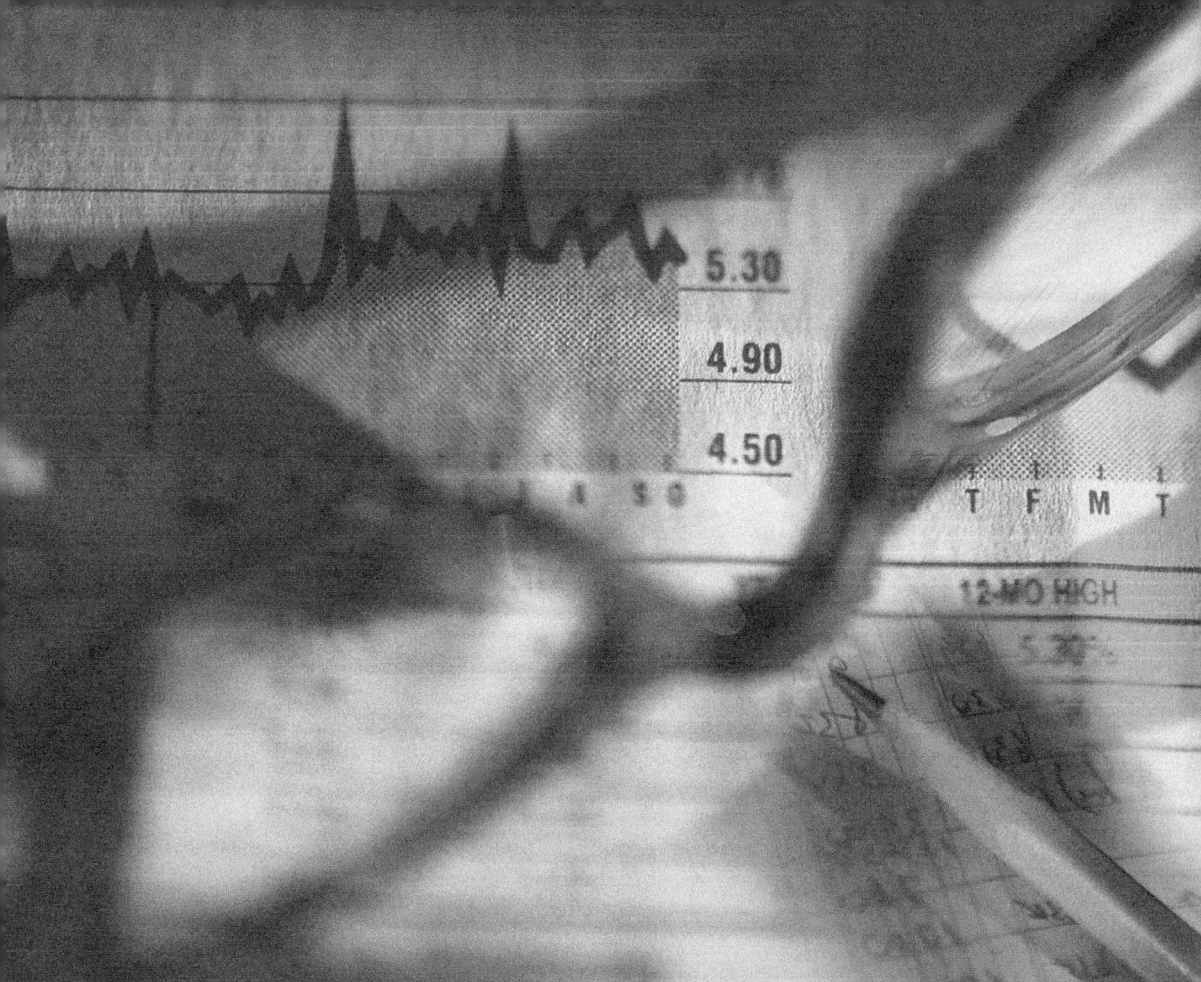

PARTE 4

ESTRATEGIAS Y HERRAMIENTAS DE MARKETING

▶ **Capítulo 10. Marketing mix**

Capítulo 10

MARKETING MIX

"Una estrategia de marketing responde a la pregunta: ¿Por qué nuestros clientes deberían comprar nuestro producto y no los de la competencia?".

Patrick Barwise

El marketing es un proceso social de intercambio que se comienza con la planificación, establecimiento de precios, distribución y promoción de ideas, bienes y servicios orientados a satisfacer los objetivos individuales y de la organización en sí.

Al señalar que el marketing es un proceso social de intercambio, se hace énfasis en que hay dos partes involucradas (oferta y demanda).

El origen del marketing se da con el intercambio, donde se entrega algo de valor a cambio de la satisfacción de las necesidades percibidas de un grupo colectivo determinado. Dentro del concepto central del mercado se evidencia lo que comúnmente se denomina *mezcla de marketing* o *marketing mix*.

La mezcla de marketing es un conjunto de herramientas que tiene el empresario a su alcance para entrar en un mercado competitivo. Tradicionalmente la mezcla de marketing se conoce como las 4 pes: producto, precio, plaza y promoción.

De acuerdo con lo anterior, la satisfacción de las necesidades estará determinada por las estrategias que aplique el empresario. El concepto de mezcla de marketing fue desarrollado por Jerome McCarhty, que introdujo el término de las 4 pes como resultado de agrupar doce variables propuestas por Nel Bolden en la década de los años 50.

10.1 ESTRATEGIA DE PRODUCTO

El término producto hace referencia a un conjunto de atributos tangibles e intangibles que satisfacen necesidades y deseos del cliente. El concepto de producto reúne elementos como: diseño, marca, envase, garantía, calidad, funcionalidad, soporte, accesorios y servicio. Es importante señalar que la calidad se ha convertido en un calificativo empleado por los clientes para evaluar un producto.

En los últimos años se ha discutido que las personas no adquieren productos, sino que compran los beneficios que éstos generan. Ante los cambios en el entorno, los consumidores están demandando nuevos productos. Esta situación lleva a que los ciclos de vida de los productos sean cada vez más cortos, prácticamente no existen, pueden durar horas.

Todos los bienes y servicios tienen una vida útil. Cada producto se desarrolla a través del tiempo y pasa por las etapas de introducción, crecimiento, madurez y declive como se puede observar en la figura 10.1. Algunos productos no llegan a pasar por todas las etapas, depende del comportamiento del mercado.

En la etapa de *introducción* hay un leve crecimiento en las ventas. Los gastos en investigación, desarrollo y comercialización son altos por ser una novedad en el mercado. En esta etapa la competencia no es muy fuerte. La empresa suele tener pérdidas ya que los costes son elevados. Los productos tienen que ser supervisados constantemente con el fin de asegurar crecimiento más adelante. De otra manera, la mejor opción es retirar el producto del mercado.

La etapa de *crecimiento* se caracteriza por un rápido aumento en las ventas y en las ganancias de la empresa. Las ganancias surgen debido a un incremento del empleo de economías de escala y posiblemente por mejores precios. En esta etapa, la empresa dedica esfuerzos para aumentar la cuota de mercado. Se hace mayor inversión en promoción de ventas que en publicidad.

La etapa de *madurez* es la etapa más común para todos los mercados. En esta etapa la competencia es más intensa y agresiva, debido a que las empresas luchan por mantener su cuota de mercado. La mezcla de marketing se supervisa en profundidad debido a que cualquier estrategia es susceptible de imitación por parte de los competidores.

Las empresas invierten más en reposicionamiento de productos, promueven mayores campañas de recuerdo del producto y se concentran en la eficiencia de sus procesos productivos.

Finalmente la etapa de *declive* se divide en dos subetapas: muerte y cosecha. La muerte del producto es la ausencia total del producto. La cosecha es cuando el producto desaparece por un tiempo y la empresa lo rediseña y lanza nuevamente al mercado.

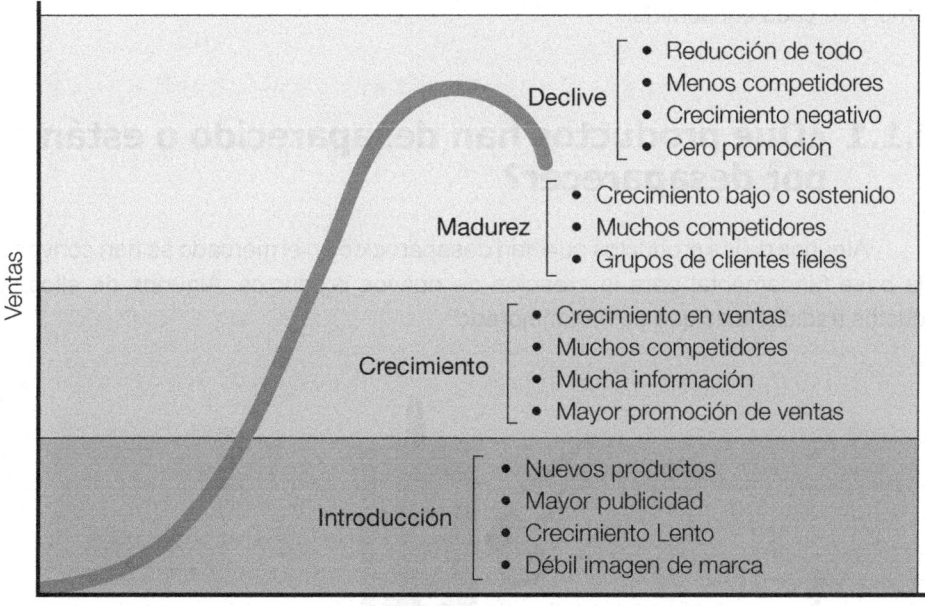

Figura 10.1. *Ciclo de vida del producto.*

En la etapa de declive la demanda del producto se reduce y a su vez disminuyen los ingresos por ventas. Algunas empresas venden su productos a precios más bajos en otros mercados. En última instancia, el empresario determina si continúa o no con el producto.

Ante la gran variedad de bienes y servicios que hay en el mercado, los clientes se enfrentan a la ardua tarea de elegir entre los productos que compran habitualmente o el deseo de experimentar con productos nuevos. Algunos productos han acompañado a los individuos en el transcurso de su vida. Otros han desaparecido. Hay productos que han superado el número de generaciones, otros sólo han sobrevivido algunas horas.

Crear un nuevo producto va más allá de la creación de una idea, implica un riesgo alto que asume el empresario ante el impacto que pueda generarse en el mercado. El desarrollo de un nuevo producto nace de una invención, de una nueva versión, de una mejora o de un reposicionamiento del producto. Su permanencia en el mercado estará determinada por las satisfacciones que proporcione al comprador final.

No es suficiente con conocer las necesidades y deseos del mercado, tampoco basta con tener un perfil completo del cliente, todo debe sumarse a un elemento sustancialmente relevante en marketing: *la creatividad*. Hay un gran número de productos que han superado la barrera del tiempo y que se han ajustado a las necesidades del entorno y de cada consumidor.

10.1.1 ¿Qué productos han desaparecido o están por desaparecer?

Algunos de los productos que han desaparecido en el mercado se han convertido en la base fundamental para la creación de nuevos productos. Algunos de ellos son productos tradicionales que se han mejorado.

Bombilla   *Walkman*   *Disquete*

Máquina de escribir   *Tocadiscos*   *Videoconsola*

Los inversores y empresarios con frecuencia tienden a buscar nuevos productos y mercados para asegurar su crecimiento en el futuro. Unas relaciones sólidas con los clientes y unos mejores sistemas de comunicación conducen al entendimiento de las necesidades de los clientes.

La participación de cliente en el diseño de un producto aumenta la probabilidad de que el producto satisfaga esas necesidades y acierte en el mercado. Una vez que las exigencias del cliente son identificadas por la empresa, se generan las ideas de un nuevo producto (nuevo diseño, nuevas características, nuevo envase, etc.). Posteriormente se evalúan las ideas para seleccionar aquella que se materializará en el concepto y prueba del producto. Consecutivamente se realiza una investigación de mercados y finalmente el lanzamiento del producto.

10.1.2 ¿Cuáles son los nuevos productos que hay en el mercado?

La revista *Businessweek* clasifica cada año una serie de productos como los de mejor diseño. A continuación se exponen algunos de los productos que figuraron en la lista de *Best Design Product* 2006:

Mejor producto para el consumidor
SignalOne Safety Vocal Smoke Detector

Es un detector de humo que utiliza la voz grabada de un adulto para despertar a los niños en caso de incendio.

Mejor diseño de envase

Pluma

Es un recipiente para almacenar y transportar el gas butano. Su peso es menor en un 50% a las bombonas tradicionales de acero.

Mejor accesorio para ordenador

Talking Tactile Tablet

Es un periférico portátil y económico que cumple la función de "visor" de materiales gráficos táctiles. Permite a personas invidentes tener acceso a imágenes que de otra manera no podrían disfrutar. Los usuarios escuchan a través del audio las descripciones de cada componente que presionan de una imagen.

Mejor producto diseñado por un estudiante

The MIN Chair

Es una silla para niños de 5 a 8 años que también se convierte en mecedora.

10.1.3 La marca

El concepto de marca fue desarrollado en sus inicios por los artesanos. Ellos colocaban una señal con sus iniciales o un símbolo que identificara su trabajo en un lugar poco visible, puesto que no deseaban quitarle mérito a la estética de sus productos artesanales.

Una marca es un nombre, un término, un símbolo, un diseño o la combinación de todos estos elementos que trata de diferenciar los productos de una empresa frente a los de su competencia.

La empresa es propietaria de sus marcas y por ello están legalmente protegidas. Para la mayoría de las empresas, la marca se ha constituido en una herramienta de poder por diferentes razones:

- Es un factor dominante en la decisión de compra.
- Es un activo intangible de la empresa.
- Es parte de la estrategia de posicionamiento.
- Genera lealtad a un producto o a una empresa.

Existen dos tipos de marcas: marca del fabricante y marcas propias.

- **Marcas del fabricante.** Son aquellas marcas creadas por las empresas fabricantes para identificar sus propios productos. El fabricante tiene la responsabilidad de desarrollar toda la mezcla de marketing,  especialmente consolidar su marca en canales de distribución con la finalidad de generar lealtad por parte de sus clientes. Ejemplos de marcas de fabricante son: Bimbo, Sony, Café de Colombia, Kodak.

- **Marcas propias.** Son marcas creadas por los distribuidores. Ellos tienen propiedad sobre estas. Un  ejemplo de ello es la variedad de marcas propias que tiene el hipermercado Carrefour.

10.1.4 Branding y Top of mind

Branding o gerencia de marca es un concepto moderno utilizado para crear un vínculo emocional por parte de los consumidores hacia un producto o una empresa determinada. Los gerentes de marca son los responsables de cambiar la percepción del consumidor promoviendo un sentido de la calidad más elevado y agregando cualidades intangibles relacionadas con los beneficios buscados por el mercado objetivo. La capacidad de desarrollar asociaciones en la mente del consumidor cuando ellos piensan en su marca es el objetivo central del *branding*.

El poder de la marca lo da el consumidor. Su percepción, disposición y tasa de compra son determinantes en el grado de involucramiento que tienen con respecto a un producto. El poder se evidencia a través de la recordación espontánea (*Top of Mind*) de una marca por parte del consumidor.

El *Top of Mind* (TOM) es un indicador que tienen las empresas para medir su posicionamiento. Organizaciones como Interbrand presentan anualmente informes sobre las marcas más influyentes en diferentes continentes del mundo.

Ventajas del poder de la marca

> Influye en la decisión de compra de los consumidores

> Genera lealtad de marca

> Crea nuevas experiencias para el consumidor

> Promueve la confianza y crea vínculos emocionales hacia un producto

> Consolida la imagen corporativa

> Diferencia su producto de los de la competencia

> Se adapta a la autoimagen de los mercados objetivos

> Reduce el proceso de toma de decisiones de una compra

> Articula los valores de una empresa y justifica su participación en el mercado

10.1.5 El envase

En principio, la función básica del envase es proteger el producto. Sin embargo, esta premisa se ha modificado ya que el envase se ha consolidado como una estrategia de comunicación de la empresa hacia su público objetivo.

NOTA:

"El envase es el medio de contacto, comunicación y conquista más eficaz frente al consumidor final, poseyendo exclusivamente las características de contacto directo, táctil, sensorial e intelectual como su usuario" (Acolpack).

El envase refuerza el enfoque de diferenciación de los productos en un entorno altamente competitivo. Adicionamente, el mercado exige que el diseño del envase y su proceso de fabricación sean únicos y funcionales.

En los mercados internacionales ha aumentado la exigencia en cuanto al diseño e información que debe tener un envase o un recipiente de un producto.

Aspectos como su fácil uso, envases biodegradables o reutilizables, su información nutricional y demás especificaciones técnicas (códigos de barras, licencias, entre otros) son algunos de los criterios de compra por parte de los distribuidores y consumidores finales.

El envase y la etiqueta deben crear percepciones en el consumidor que muestren alguna ventaja competitiva. Sumado a lo anterior, permiten atraer rápidamente a los compradores potenciales y motiva la recompra.

La primera impresión sobre un producto dura 30 segundos y se genera en el proceso de compra. Mejoras pequeñas en el envase pueden llevar a menudo a reacciones completamente diferentes de sus clientes. Ese instante presenta una oportunidad favorable para toda empresa. No sólo sirve para comunicar los atributos del producto y posicionarlo en la mente de los consumidores, sino también para ejercer una influencia positiva en el proceso de compra.

10.2 ESTRATEGIA DE PRECIO

En la mezcla de marketing, está claro que la política de precios es parte de los determinantes de compra de los consumidores. De hecho, el empresario puede escoger la estrategia de establecimiento de precios más adecuada para aplicar a sus productos.

10.2.1 Formas de establecimiento de precio

1. **Estrategia de precios competitivos.** Aquellas empresas que ofrecen productos a menores precios que los de sus competidores. La figura 10.2 reúne los cinco tipos de estrategias de precios competitivos que utilizan algunas empresas.

Precios primados
Si el producto presenta alguna ventaja, se pone un precio por encima del de la competencia

Valor neto
Es el valor derivado de una operación financiera o comercial, una vez deducidos todos los costes necesarios para realizarla

Precios similares a la competencia
Si hay o no ventaja frente a ellos

Precios descontados
Se pone el precio por debajo del de la competencia, si hay ventaja en costes

Venta a pérdida
Consiste en bajar precios aun generando pérdidas, para expulsar al competidor, y posteriormente subirlos

Figura 10.2. *Estrategias de precios competitivos.*

2. **Estrategia de precios diferenciales.** Consiste en diferenciar los precios de un mismo producto en distintos mercados, segmentos o zonas geográficas.

   El objetivo es atraer o vender el producto a aquellos consumidores que son más sensibles al precio y están dispuestos a esperar para comprar el producto. Las condiciones de pago y los descuentos ofrecidos son una variable determinante al fijar precios diferenciados. Lo anterior contribuye al aumento de la dependencia promocional por parte de los consumidores.

Descuentos periódicos

Vender un producto
a un precio inferior al
habitual pero, en este caso,
en un momento o lugar
que es conocido de
antemano por los clientes

Descuentos de segundo mercado

Vender el producto a
las personas que son más
sensibles al precio

Precios negociados

Vender el mismo
producto con el mismo
precio y las mismas
condiciones de pago a
todos los compradores

Descuentos aleatorios

Vender un producto a
un precio inferior al habitual
en un momento y en
un lugar que son
desconocidos de antemano
por el cliente

Precios éticos

Son precios
que se fijan teniendo
en cuenta el fin
social del producto
en cuestión

Figura 10.3. Estrategias de precios diferenciales.

3. **Estrategias de precios psicológicos.** Con esta estrategia, los empresarios buscan que los precios sean símbolos de la calidad de un producto. Así mismo esta estrategia pretende que el consumidor tome la decisión por una motivación más emocional que racional.

4. **Estrategias de precios de lanzamiento de un nuevo producto.** Existen dos tipos de estrategias: descremado y penetración. La estrategia de descremado consiste en fijar un precio alto con el fin de obtener las mayores ganancias posibles de los segmentos que estén dispuestos a pagar.

La estrategia de penetración se utiliza para fijar un precio bajo con el fin de obtener una alta participación de mercado.

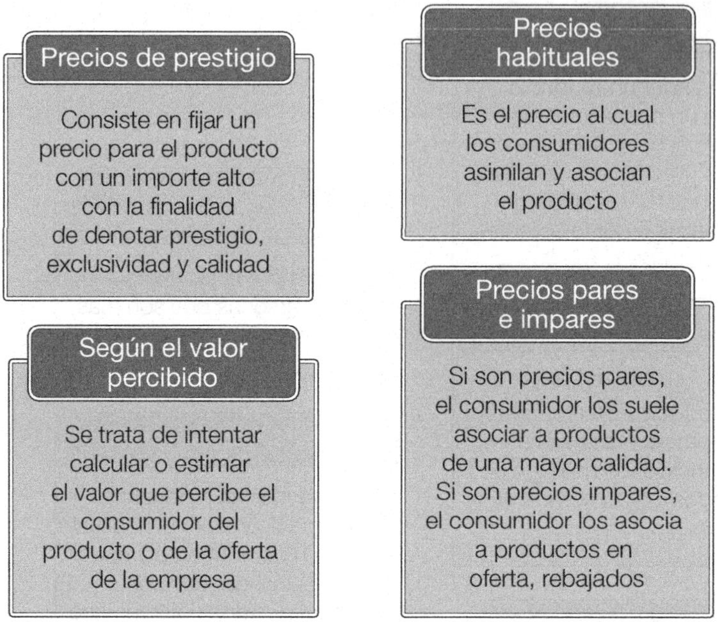

Precios de prestigio

Consiste en fijar un
precio para el producto
con un importe alto
con la finalidad
de denotar prestigio,
exclusividad y calidad

Según el valor percibido

Se trata de intentar
calcular o estimar
el valor que percibe el
consumidor del
producto o de la oferta
de la empresa

Precios habituales

Es el precio al cual
los consumidores
asimilan y asocian
el producto

Precios pares e impares

Si son precios pares,
el consumidor los suele
asociar a productos
de una mayor calidad.
Si son precios impares,
el consumidor los asocia
a productos en
oferta, rebajados

Figura 10.4. Estrategias de precios psicológicos.

10.3 ESTRATEGIA DE DISTRIBUCIÓN

La distribución es un elemento del marketing que tiene como finalidad propiciar el encuentro entre la oferta y la demanda. La distribución está representada por: agentes, intermediarios, comerciales y revendedores, entre otros. Gran parte de los negocios utilizan intermediarios para comercializar sus productos. Estos intermediaros son conocidos como canales de distribución (distribuidores).

10.3.1 Canales de distribución

La mayoría de los bienes de consumo se adquieren a través de minoristas, mayoristas o fabricantes. Estos canales de distribución pueden proporcionar diferentes beneficios como: agilización en la entrega del producto, apoyo en la comercialización y distribución física, mejor gestión de la información y la comunicación entre la empresa y el cliente, soporte en la administración de inventarios y almacenamiento, entre otros.

La función principal de la distribución es proveer un vínculo entre la producción y el consumo.

Los distribuidores son fuentes de información para investigaciones de mercado. Ellos tienen contacto permanente con la demanda y la oferta; por medio de ellos se aplican procesos de prospección y contacto con los compradores potenciales.

Los canales de distribución adaptan las ofertas a las necesidades del comprador, desde la clasificación hasta el ensamblaje y envase de productos. Además, negocian acuerdos de precios según las condiciones de la oferta.

Cualquier emprendimiento de un canal tiene riesgos comerciales que afectan sus operaciones. El empresario elegirá el tipo de canal y los niveles que se requieran, para que su proceso de intermediación sea rentable.

10.3.2 Número de niveles del canal

El conjunto de intermediarios que se utilizan en la distribución conforman un nivel del canal. La figura 10.5 muestra algunos ejemplos de niveles del canal que se emplean en los mercados de consumo.

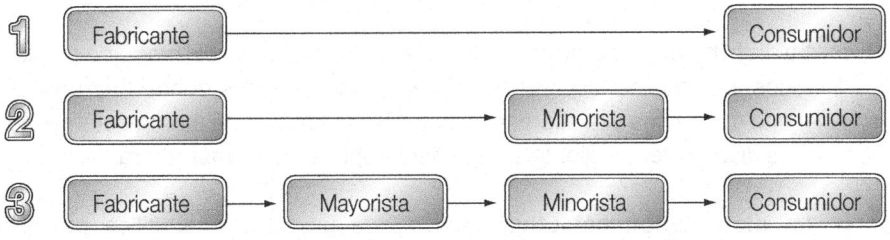

Figura 10.5. *Ejemplos de niveles del canal de distribución.*

En el primer nivel se aplica el método de venta directa. La empresa fabricante no utiliza intermediarios, sino que está a cargo de la comercialización de sus bienes y servicios. En el segundo nivel, el fabricante utiliza como canal a minoristas. Los minoristas son intermediarios que tienen contacto directo con el consumidor final. Su función principal es la venta al por menor. Un ejemplo de eso se puede observar en la figura 10.6. El tercer nivel combina mayoristas y minoristas en la intermediación. Los mayoristas compran y almacenan grandes volúmenes de bienes procedentes de fabricantes. Posteriormente suministran a minoristas menos unidades. Dentro del grupo de los mayoristas están los agentes, comerciales, etc.

Figura 10.6. *Distribución minorista.*

10.3.3 Grados de exposición en el mercado

Hay tres amplias opciones de exposición en el mercado: intensiva, selectiva y exclusiva.

a. **La distribución intensiva**. Su enfoque es la saturación del mercado empleando todos los canales disponibles. Se aplica a productos donde hay una amplia gama de marcas y la diferenciación es reducida. Si una marca determinada no está disponible, un cliente simplemente optará por comprar otra.

b. **La distribución selectiva** implica que un fabricante utilice un limitado número de canales en un área geográfica específica para comercializar sus productos. Una ventaja de este acercamiento consiste en que el productor puede escoger la mayor parte de los canales apropiados o que aplican un enfoque de mercados concentrados. La distribución selectiva es más efectiva cuando los consumidores están preparados para dedicarle tiempo a su proceso de compra. Si los compradores tienen un alto involucramiento o prefieren un producto específico, buscarán la disponibilidad del mismo en diferentes canales de distribución.

c. **La distribución exclusiva** es una forma extrema de distribución selectiva, en la cual sólo un mayorista, minorista o distribuidor comercializan en un área geográfica específica.

El siguiente cuadro describe los factores que influyen en la elección de un canal de distribución:

Factor	Descripción
El mercado	Los consumidores prefieren comprar a minoristas. En primera instancia porque sus necesidades los motivan a visitar puntos de venta donde encuentran no sólo quien los asesore sino, además, mayor información del producto, soporte en la instalación y atención al cliente. Algunos intermediarios pueden ofrecer un mejor servicio que el mismo fabricante. Por ejemplo, en productos importados, tanto mayoristas como minoristas dan un mayor respaldo al consumidor final. La buena voluntad de los intermediarios es un factor relevante. Los minoristas en particular realizan grandes inversiones en activos fijos, ellos pueden decidir no apoyar un producto en particular. Otro factor importante es el coste de intermediación o la comisión que incentiva las ventas del producto en un mercado determinado.
El fabricante	¿El productor tiene los recursos necesarios para realizar las funciones del canal? En algunas ocasiones no. Hay fabricantes que no tienen los recursos para reclutar, entrenar y formar su equipo de ventas. Los productores también pueden sentir que ellos no poseen las habilidades para establecer contacto directo con su mercado objetivo. Existen intermediarios que se centran en fortalecer las relaciones con los clientes como un modo de crear ventaja competitiva y cimentar las relaciones con sus proveedores. Otro factor es el poder de negociación entre fabricantes y distribuidores. Los fabricantes desean mantener el control en cuanto a quién y a qué precio venden sus productos.
El producto	Productos grandes y complejos a menudo son suministrados con el método de venta directa (por ejemplo, equipos médicos especializados para hospitales). Por el contrario, otros productos que son perecederos (alimentos congelados, carne, pan) requieren de canales de distribución relativamente cortos como minoristas.

10.4 ESTRATEGIA DE COMUNICACIÓN

La promoción significa comunicación. Es un elemento de la estrategia de marketing que se encarga de seducir al cliente a través de la publicidad, promoción de ventas, relaciones públicas, ventas personales y marketing directo. Lo anterior es denominado el mix de comunicaciones.

Toda estrategia que diseñe la empresa para atraer y retener clientes es responsabilidad directa de la promoción. En empresas pequeñas, el administrador o hasta el mismo empresario asume todo el diseño del mix de comunicaciones.

En empresas grandes, que ofrecen numerosos bienes y servicios a escala nacional e internacional, las funciones de la promoción son asumidas por cargos medios y altos, desde los equipos de ventas hasta el gerente de marketing. Sus responsabilidades recogen los componentes del mix de comunicaciones, coordinan investigaciones de mercado, determinan la política de precios, formulan acciones para el desarrollo de nuevos productos, administran la acción de ventas, entre otros.

El mix de comunicaciones es el conjunto de herramientas que impulsan la estrategia de promoción de una empresa.

10.4.1 Publicidad

La publicidad es un modo de persuasión que tiene como finalidad atraer la atención de clientes potenciales y reales sobre los beneficios que ofrece un bien o servicio. Una estrategia publicitaria puede distinguirse entre diferentes gamas de producto.

Para desarrollar un plan publicitario se deben tener en cuenta los siguientes aspectos: a) definir los objetivos y determinar la audiencia potencial, b) establecer un plan de medios, c) estructurar el mensaje, d) diseñar la campaña publicitaria y e) estimar el presupuesto.

La publicidad más efectiva es la que realizan los clientes cuando hablan bien de la empresa. Un empresario no debe conformarse con la percepción del cliente, por tanto debe elegir el medio adecuado a las necesidades del negocio. La elección de un medio estará determinada por el público al que se dirige y por el presupuesto del que dispone la empresa. De esta forma, la publicidad tiene la función principal de comunicar las ventajas competitivas de un producto a través del empleo de numerosos medios como: revistas, radio, televisión, prensa, Internet, guía telefónica, exhibiciones, correo directo y comunicaciones a través de los móviles. Los medios tradicionales (como prensa, radio y televisión) tienen las siguientes ventajas y desventajas, como se observa en la figura 10.7:

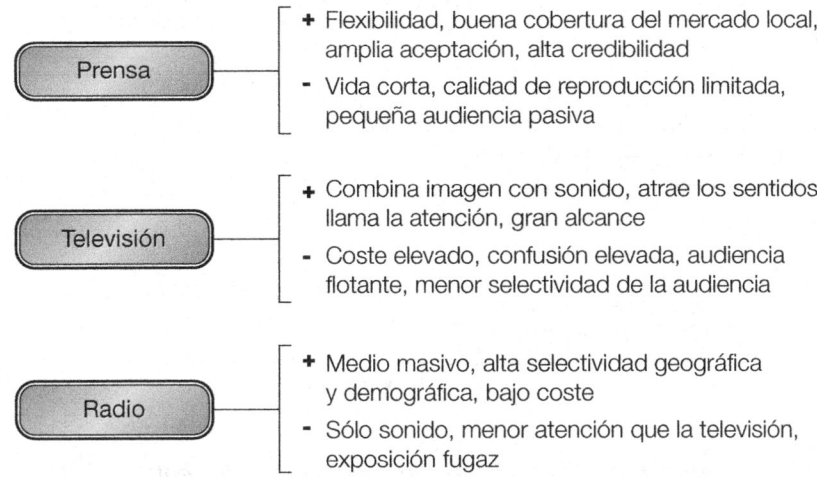

Figura 10.7. *Ventajas y desventajas de los principales medios de comunicación.*

10.4.2 Promoción de ventas

Ésta es una iniciativa de la empresa que busca incentivar las ventas a corto plazo. Estos incentivos se otorgan a consumidores, distribuidores y al equipo de ventas. Los incentivos son a menudo originales y creativos, aunque hay organizaciones que adoptan algunas herramientas de otras.

Existen empresas que han abusado del uso de estas herramientas provocando en el consumidor una dependencia promocional y una rivalidad agresiva entre los competidores. El consumidor tardará en tomar la decisión de compra esperando a cambio un incentivo. Se recomienda que los incentivos no sobrepasen un tiempo de dos meses en el mercado y que sean modificados permanentemente, ya que el consumidor tiene una amplia capacidad para el recuerdo y elige aquello que sea novedoso y cautive su atención.

Como se puede apreciar en la figura 10.8, hay una gran variedad de herramientas de promoción de ventas que posibilita aumentar la liquidez de la empresa, cambiar inventarios y aumentar las ventas a corto plazo.

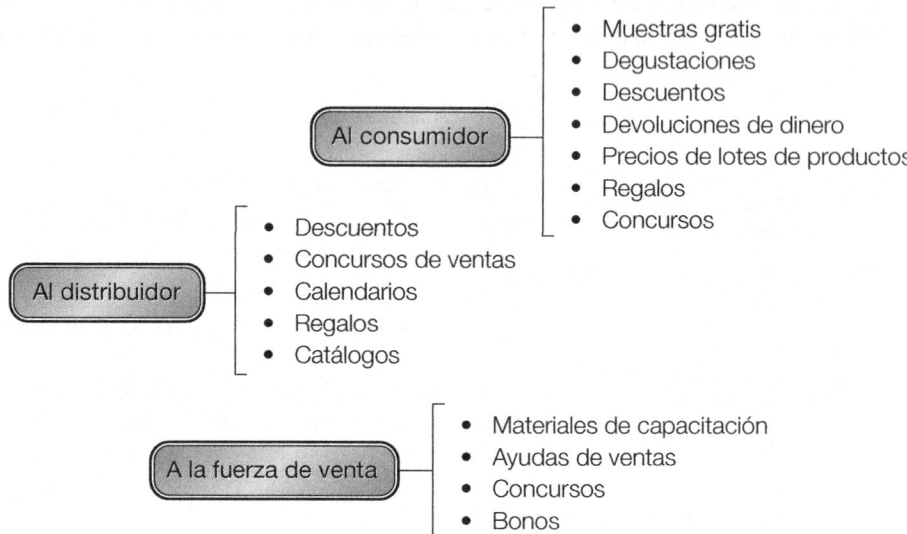

Figura 10.8. Herramientas de la promoción de ventas.

10.4.2.1 Herramientas al consumidor

Para atraer a los consumidores se pueden aplicar las siguientes herramientas:

■ **Muestras gratis:** son presentaciones del producto en un envase más pequeño al que se ofrece en el mercado. Empresas que fabrican cosméticos, perfumes y medicamentos utilizan esta técnica.

■ **Degustaciones:** son pruebas del producto en puntos de venta o en ferias especializadas. Aquí entran también las conocidas demostraciones.

■ **Descuentos:** generalmente son reducciones porcentuales sobre el precio de venta de un producto.

■ **Devoluciones de dinero:** si el producto no satisface al consumidor tiene un tiempo límite para devolver el producto y reclamar a cambio su dinero.

■ **Precios de lotes de producto:** cuando se combinan dos productos con un solo precio diferente al precio de venta por cada unidad. Esta técnica es útil para unir un producto de mayor venta con uno de menor venta.

- **Regalos:** objetos promocionales para fidelizar al cliente. Artículos como: sombrillas, gorras, llaveros, agendas, etc.

- **Concursos:** es una de las técnicas más empleadas por cadenas de almacenes y centros comerciales.

10.4.2.2 Herramientas al distribuidor

Los fabricantes buscan impulsar las ventas en sus canales de distribución a través de regalos, descuentos, catálogos y concursos. Algunas empresas ubican expositores en puntos de venta que apoyan la promoción de su producto.

10.4.2.3 Herramientas al equipo de ventas

Mantener motivado al grupo de vendedores es una tarea compleja para las empresas. Ante esta situación, existe una serie de incentivos que contribuyen a esta causa como: bonos de compra, descuentos en productos que ofrece la empresa, materiales de formación y ayudas en ventas. Estas últimas están representadas en objetos promocionales, folletos, catálogos, etc.

10.4.3 Relaciones públicas

Es el vínculo entre la organización y su entorno. Las relaciones públicas no son responsabilidad de un único empleado de la empresa; por el contrario, son parte integral de todos los miembros de una organización.

Es importante que quienes dirigen una empresa estén dispuestos a generar prestigio para su organización.

El contacto con los medios es vital, puesto que las entrevistas sobre el funcionamiento de una empresa proporcionan una perspectiva diferente de la situación actual del negocio. Otras herramientas de las relaciones públicas son los discursos, boletines informativos, documentos escritos y participación en eventos especiales.

Las relaciones públicas son proactivas y apuntan hacia el futuro de la empresa. Tienen como objetivo construir y mantener una imagen positiva de la organización en la mente de sus empleados, consumidores, distribuidores y proveedores, entre otros.

La figura 10.9 indica los grupos que componen el entorno que atiende las relaciones públicas de una empresa.

Figura 10.9. *Relaciones públicas de la empresa.*

10.4.4 Ventas personales

Es la forma de comunicación más persuasiva del mix de comunicaciones. Cuando se define el concepto de ventas se incurre generalmente en el error de describirla como un acto en el cual se ejecuta la compra.

Las ventas son transacciones o intercambios de un producto a cambio de dinero o de otro bien.

La venta personal ocurre cuando un vendedor ofrece un producto o una solución a un cliente.

Hoy, la venta personal implica el desarrollo de relaciones duraderas con los clientes. La importancia de la venta personal radica en que:

– Utiliza pocos recursos, ya que su base central es la negociación.

– Apoya la venta de productos que son demasiado complejos, como servicios financieros o automóviles nuevos.

– Hay un acercamiento entre el vendedor y el comprador que puede continuarse con la posventa.

– Los clientes necesitan información específica de un producto, ya que algunos bienes o servicios son muy importantes o implican un alto riesgo en la decisión de compra.

La vida útil de la venta se extiende en cinco etapas:

(1) Prospección

(2) Acercamiento previo

(3) Encuentro

(4) Cierre o sobreponerse

(5) Seguimiento

La *prospección* es la búsqueda de clientes potenciales o prospectos. Un plan de ventas debe centrarse en las necesidades del consumidor. Para cumplir con ello, un empresario debe determinar qué bien o servicio satisface mejor las necesidades del mercado objetivo. En el diseño de un plan de ventas, deben establecerse cuáles serán las fuentes de prospección que se aplicarán.

Las fuentes de prospección son los medios para conseguir clientes nuevos. Algunas de ellas son:

- **Referencias:** prospecto recomendado por un cliente actual o por alguien que está familiarizado con el producto.

- **Mercado natural:** familia y amigos.

- **Prospección en frío:** selección de un grupo de personas que pueden ser o no prospectos reales. Se visita uno por uno.

- **Directorio telefónico:** tiene secciones clasificadas que agrupan negocios y profesiones por categoría.

- **Bases de datos:** información organizada por categorías. Algunos gremios o asociaciones tienen bases de datos completas que pueden ser base de segmentaciones a futuro.

- **Ferias comerciales:** eventos o ferias a las que asiste un amplio número de personas o representantes de empresas interesadas en conocer los productos que se ofrecen en el mercado.

- **Telemarketing:** el soporte que utiliza es el telefónico, especialmente aquellos teléfonos de llamada gratuita.

Elaborar un plan de prospección es muy sencillo; se recomienda seguir los siguientes pasos, como lo muestra la figura 10.10:

Plan de prospección

1. Prepare una lista de prospectos

2. Proyecte el volumen de ventas potenciales que cada nueva cuenta pueda generar para cada producto

3. Anticipe las visitas al cliente potencial al planificar la ruta de venta

Figura 10.10. *Pasos para la prospección.*

El *acercamiento previo* es la segunda etapa del proceso de venta que hace referencia al contacto inicial con el prospecto. Hay diferentes formas para establecer contacto, las más comunes son: carta de presentación, llamada telefónica y visita.

Durante esta etapa, se debe preparar al equipo de ventas antes de que establezca contacto con los clientes.

Para ahorrar tiempo, el vendedor debe enviar información antes de visitar al cliente. Lo anterior se puede realizar en la carta de presentación. En la carta se deben exponer los beneficios que los productos le proporcionarán a su cliente potencial.

Cuando se realiza el acercamiento previo a través de una llamada telefónica o visita, se recomienda utilizar frases de iniciación como:

"Buenos días, me llamo Juan Luis López, de la empresa Iberplas Ltda. El motivo de mi llamada es ofrecerle un producto que le garantizará a su empresa obtener beneficios en un breve espacio de tiempo..."

"Me alegro que nos hayamos podido reunir hoy señora García. Estoy ansioso por trabajar con usted porque creo que nuestro servicio puede ayudar a aumentar las ganancias de su compañía".

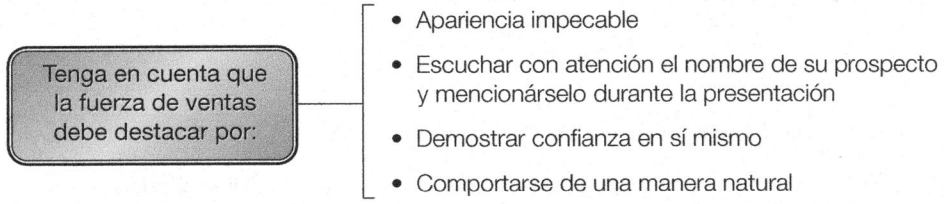

Tenga en cuenta que la fuerza de ventas debe destacar por:

- Apariencia impecable
- Escuchar con atención el nombre de su prospecto y mencionárselo durante la presentación
- Demostrar confianza en sí mismo
- Comportarse de una manera natural

Quien establezca el contacto inicial debe considerar las siguientes preguntas: ¿Cuál es el propósito de la llamada telefónica o de la visita? ¿Qué beneficios le estoy ofreciendo?

El vendedor debe demostrarle al cliente, tanto en la llamada telefónica como en la visita, que no está desperdiciando su tiempo escuchando las ventajas de su producto. Una herramienta eficaz es incluir ejemplos de experiencias con el producto.

La asignación del tiempo es un elemento decisivo en el proceso de ventas. Los clientes cuidan mucho su tiempo, por esta razón el equipo de ventas debe tener la habilidad de precisar ideas en un tiempo reducido.

El *encuentro* entre el vendedor y el cliente es la tercera etapa del proceso de ventas. Este instante requiere una planificación previa. Un vendedor debe estar preparado para enfrentarse a un diálogo claro y resistente a las objeciones que emita el cliente. En una negociación, el prospecto habla el 80% y el vendedor el 20%, no al contrario. En este sentido, las habilidades del vendedor son determinantes para capturar la atención, persuadir la decisión y enfrentarse a las objeciones que surgen cuando se llega a la etapa de *cierre o sobreponerse*. En la figura 10.12 se exponen las objeciones más comunes que utilizan los clientes para rechazar la oferta de un vendedor.

Si hay cierre de venta, es un hecho que la negociación resultó ser un éxito. De otra manera, el vendedor deberá entrar a evaluar lo sucedido y reflexionar sobre la decisión tomada por el comprador.

Finalmente, en la etapa de *seguimiento*, se realiza una evaluación sobre el desarrollo del proceso de ventas, en términos de los resultados obtenidos y las limitaciones encontradas.

Tipos de ventas

Usted tiene 5 segundos para interesar al cliente.

El límite máximo de tiempo para mantener la atención de un posible cliente es de 17 minutos.

Envíe una carta de presentación personalizada a cien de sus prospectos; si 30 de ellos se comunican con usted, considérelo un éxito.

Destine sólo 10 minutos en una llamada telefónica para concertar una cita.

Figura 10.11. Tipos de ventas.

Tipos de objeciones

"Tengo que hablar con mi padre, socio, hijo, tío…"
"Llámeme la próxima semana a ver si cerramos el negocio…"
"Ahora no puedo porque tengo muchos gastos."
"Llevo cinco años comprándole a mi primo."
"No tengo tiempo de atenderlo, llevo prisa."
"Voy a dar una vuelta, y ahora vuelvo…"
"No puedo decidirlo hoy."
"El producto es muy caro."
"Sólo estoy mirando…"
"Tengo que pensarlo."

Figura 10.12. Tipos de objeciones.

La resistencia a las objeciones es efectiva cuando el vendedor convence con argumentos al comprador, no con engaños. Una forma convencional para enfrentarse a las objeciones del prospecto es aplicar el modelo SSC (Siente, Sentí y Comprobé) como se expone en el siguiente ejemplo:

Objeción: *"El producto es demasiado caro".*

Resistencia: *"Ya veo por qué se siente así. Yo me sentí igual al principio, así que investigué por qué nuestros precios eran más altos que los de la competencia y comprobé que nosotros tenemos mucha mayor calidad y respaldo".*

Escuchar al prospecto es fundamental, ya que la información que él proporcione le dará al vendedor elementos clave para presentar sus argumentos. Realizar preguntas al prospecto y dar respuestas claras y concisas a sus inquietudes es el eje central de la comunicación en ventas.

Dejar al cliente que hable al menos el 80% de la conversación le proporcionará información fundamental sobre sus necesidades.

10.4.5 Marketing directo y *online*

Nace de la combinación de herramientas derivadas de la publicidad, las relaciones públicas y la promoción de ventas para establecer contacto directo con el público objetivo.

El marketing directo tiene como objetivo ganar y fidelizar clientes. Este quinto componente del mix de comunicaciones facilita la venta de bienes y servicios a través de medios impresos, vía telefónica e Internet, principalmente.

El marketing directo es un mecanismo de comunicación de mensajes centrados en una audiencia potencial.

La diferencia entre marketing directo y las otras herramientas de la promoción radica en que la empresa puede establecer relaciones más estrechas con sus clientes y de esa manera enviar un mensaje que responda a las necesidades específicas de su mercado objetivo.

Unido al concepto de marketing directo se encuentra el marketing *online*. El marketing *online* (o e-marketing) está basado en el uso de medios digitales para desarrollar comunicaciones directas, personales y que provoquen una reacción en el receptor.

La revolución digital ha traído un nuevo concepto de marketing en donde el proceso de globalización de las comunicaciones y las tecnologías constituye la herramienta principal que tienen las empresas para interactuar hoy día con los individuos.

Con los avances en las telecomunicaciones, se evidencia una nueva perspectiva para el marketing. La incorporación de las Tecnologías de Información y la Comunicación (TIC) en la función de marketing de las empresas ha hecho posible llegar a un mayor número de clientes potenciales, segmentarlos y crear estrategias de marketing totalmente personalizadas.

El marketing *online* no sólo ha establecido nuevas reglas de juego, sino que ha ayudado al marketing directo a conocer más a fondo a sus clientes.

Internet es ahora una canal de comunicación que ha facilitado el contacto directo con los clientes y un trato totalmente personalizado.

Las herramientas del marketing directo y *online* son:

– Catálogos
– Telemarketing
– Bases de datos
– Televentas
– Correo directo
– Correo electrónico
– Mensajería móvil
– Grupos de noticias (*Blogs*)
– Marketing viral

La lista de herramientas del marketing directo y *online* crece día a día. Cada vez las empresas emplean mayor número de herramientas para atraer la demanda y fidelizarla. La estrategia de personalización que ofrece el marketing directo ha generado profundos cambios en las acciones de marketing que tradicionalmente aplicaban las empresas. Las herramientas del marketing directo y *online* más populares en el entorno empresarial son:

a. **Catálogos.** Los catálogos se han convertido en la presentación de productos preferida por empresas de cosméticos, farmacéuticas, ropa, hipermercados, entre otros. Allí combinan mezclas promocionales donde aparece la imagen del producto, su precio, su referencia y el número de unidades disponibles en stock.

b. **Telemarketing.** El marketing telefónico o telemarketing es una técnica que tiene sus seguidores y opositores. Una ventaja de esta técnica es que se utiliza para prospección y seguimiento a clientes. A través del telemarketing se puede obtener información para la base de datos de la empresa o dar respuesta efectiva a las inquietudes del cliente. Sin embargo, no es una técnica que le agrade a los consumidores. En ocasiones se utiliza para aplicar encuestas complejas vía telefónica, para vender productos a través de estrategias engañosas e invadir la privacidad sin autorización previa.

c. **Bases de datos**. Esta herramienta se ha consolidado como una de las más importantes en el desarrollo de un plan de marketing directo. Las bases de datos registran toda la información disponible sobre clientes y consumidores. La información almacenada puede ser usada para fines estratégicos y tácticos que conducen a segmentar mercados.

Las bases de datos deben contener información relacionada con hábitos de compra, gustos y preferencias, estilos de vida y las características sociodemográficas del mercado objetivo. Esto le da a la empresa la oportunidad de observar el comportamiento del usuario y de realizar cambios apropiados a su estrategia de comunicaciones.

d. **Televentas**. La aplicación de las televentas ha generado aún más controversia que el telemarketing. Utilizar un medio de comunicación masivo para ofrecer productos puede resultar rentable a corto plazo. Por ser un medio de amplia cobertura y alta credibilidad, logra cautivar la atención rápidamente. Las televentas tienen la posibilidad de motivar las compras por impulso, incidir en las decisiones de los consumidores a través de la participación de grupos aspiracionales y restringir la oferta del producto en el mercado utilizando un solo punto de venta.

e. **Correo directo**. El envío de cartas de presentación, de respuesta a requerimientos o de confirmación de pedidos es una actividad tradicional en las empresas. Hoy día, algunas empresas combinan el correo tradicional con el correo electrónico, por diferentes razones: a) reducir gastos de impresión, b) intensificar el proceso de ventas, c) generar mayor impacto en el cliente final, d) personalizar la oferta, entre otros.

f. **Correo electrónico**. El correo electrónico ha invadido el marketing, es decir, aparece como canal de comunicación en los planes publicitarios, como técnica de prospección en los planes de ventas personales y como herramienta de marketing directo.

El correo electrónico es el espacio para lograr un acercamiento previo entre la empresa y su mercado potencial. El correo electrónico se utiliza como forma de actualización de bases de datos, atención al cliente, solución de quejas y reclamaciones, respuesta a inquietudes de los usuarios, vínculo directo al sitio *web* y envío de boletines informativos.

El correo electrónico no sólo es un medio de comunicación innovador y efectivo, sino también es una herramienta de marketing *online* de bajo coste, alto involucramiento y conveniencia por parte de los usuarios.

El correo electrónico permite aplicar un proceso de prospección efectivo. Un contacto referido tiene mayor valor que la prospección en frío, porque permite una personalización completa del bien o servicio que puede mejorar la experiencia del cliente.

Una comunicación personalizada permite solidificar las relaciones con el grupo de compradores más rentables para la compañía. De este modo, la fuerza de ventas puede comunicarse con un amplio volumen de clientes dando un trato totalmente individualizado.

Una empresa que utiliza el correo electrónico tiene varios propósitos: ampliar su base de clientes cautivando la atención de prospectos o convenciendo a clientes actuales para comprar bienes o servicios de forma inmediata.

g. **Mensajería móvil.** Las empresas de telefonía móvil ofrecen la posibilidad de hacer marketing directo por medio la comunicación móvil. La amplia cobertura que tiene este medio hace que los mensajes que deseen comunicar las empresas a sus mercados objetivo se puedan personalizar.

El marketing móvil se está constituyendo como una fuente de información e interacción con el usuario final. Los costes son bajos y tienen un alto impacto.

La mensajería móvil se utiliza principalmente para desarrollar promociones de ventas o investigaciones de mercado. Las desventajas de este medio para el usuario final están relacionadas con la saturación de mensajes y la invasión a su privacidad. Para la empresa, una desventaja es el límite de texto que se puede enviar.

h. *Blogs.* Son grupos de discusión que agrupan una lista de correo de personas que comparten inquietudes y proporcionan información de cualquier índole. Los mensajes que se generan, denominados textos o artículos, son de libre expresión y promueven la participación de todo tipo de usuarios. Todos los usuarios que tengan su ordenador conectado en red y que se encuentran adscritos o no a un *blog* pueden acceder a la información.

Los *blogs* para una empresa son de gran utilidad: por una parte permiten establecer contacto con personas naturales o jurídicas de cualquier lugar del mundo. Por otra parte, una empresa puede utilizar este medio como fuente de prospección y recopilación de información a través de *focus group online*.

i. **Marketing viral.** El *buzz* marketing o marketing viral no es producto del uso de Internet. Sin embargo, representa una ventaja para las empresas que utilizan el correo electrónico como canal de comunicación.

Los objetivos de esta herramienta son: a) cautivar la atención de los grupos de consumidores y medios de comunicación; b) iniciar un intercambio de información personal y directa.

Con el apoyo de las TIC, el *buzz* marketing emerge en los *chats*, en los *focus group* y en los correos electrónicos.

En la medida que las TIC faciliten la entrega de mensajes electrónicos con contenido de *buzz* marketing, la cobertura y el impacto al usuario dependerá del diseño y desarrollo de las campañas publicitarias.

Ahora bien, el abuso del marketing viral puede también, por otra parte, deteriorar las relaciones con usuarios que consideren esta herramienta como una forma de dar información incompleta, falsa y sin fundamento.

Diseño de un plan de marketing   Fase 6

Instrucciones

El lector inicia una etapa creativa del plan de marketing. En esta fase se formulan todas las estrategias de marketing que posibilitarán alcanzar los objetivos de marketing y financieros planteados por la empresa.

Cada estrategia debe proyectarse en un período de ejecución de un año.

Términos de referencia

Para continuar con el desarrollo del plan de marketing, se recomienda seguir los siguientes pasos:

Marketing mix

1. Estrategia de producto
2. Estrategia de precio
3. Estrategia de distribución
4. Estrategia de comunicación

PARTE 5

PRONÓSTICOS Y SEGUIMIENTO DEL PLAN DE MARKETING

Capítulo 11

PRONÓSTICO DE VENTAS Y PRESUPUESTO DE MARKETING

"La mejor manera de predecir el futuro es creándolo".

Peter Drucker

En el diseño de un plan de marketing, los pronósticos de ventas constituyen un elemento fundamental para prever el comportamiento de las ventas en períodos futuros.

El secreto de crear un plan de marketing de alto impacto está en optimizar el limitado presupuesto que tienen las empresas. La proliferación de medios y estilos de comunicación generan un aumento en los gastos de marketing.

Se recomienda, por tanto, que el empresario diseñe y aplique estrategias de marketing de bajo presupuesto para comunicar el mensaje que desea hacia su mercado objetivo sobre la base de unos ingresos por ventas en crecimiento.

De esta manera una exposición costosa de un anuncio publicitario no necesariamente se traduce en ventas. La audiencia objetivo necesita estar expuesta al mensaje de marketing por lo menos siete veces para que influya en la decisión de compra.

El impacto de marketing puede mejorarse utilizando una gran variedad de canales de comunicación.

Los prospectos llegarán a ser compradores habituales a través de la lectura de un anuncio en prensa, asistiendo a un seminario, cogiendo un folleto o visitando el punto de venta de la empresa.

La participación porcentual de los gastos de marketing varía según la empresa y el sector al que pertenezca. Las empresas industriales destinan menos del 1% de sus ventas anuales en estrategias de comunicación, y las empresas que comercializan productos de consumo masivo desembolsan menos del 10% de sus ingresos por ventas anuales en presupuesto de marketing.

Para estimar el presupuesto de marketing, el empresario debe comenzar con los pronósticos de ventas y costes directos de ventas de cada uno de sus bienes o servicios, como se puede observar en las siguientes tablas:

Ventas	Mes 1	Mes 2	Mes 3	Mes 4	Mes 5	Mes 6	Mes 7	Mes 8	Mes 9	Mes 10	Mes 11	Mes 12	Año 20xx
Producto A													
Producto B													
Producto C													
Producto D													
Producto E													
Producto F													
Total ventas													

Tabla 11.1. *Pronóstico de ventas.*

Costes	Mes 1	Mes 2	Mes 3	Mes 4	Mes 5	Mes 6	Mes 7	Mes 8	Mes 9	Mes 10	Mes 11	Mes 12	Año 20xx
Subtotal													

Tabla 11.2. Pronóstico de costes directos de ventas.

11.1 PRESUPUESTO DE MARKETING

Se recomienda hacer un presupuesto de marketing para un año. No existe ningún presupuesto de marketing con una capacidad perfecta.

Las categorías de gastos de marketing incluyen:

- Investigación
- Bases de datos
- Publicidad
- Promoción de ventas
- Relaciones públicas
- Ventas personales
- Marketing directo

Gastos	Mes 1	Mes 2	Mes 3	Mes 4	Mes 5	Mes 6	Mes 7	Mes 8	Mes 9	Mes 10	Mes 11	Mes 12	Año 20xx
Total													
% sobre ventas													
Margen de contribución													
Margen de contribución ventas													

Tabla 11.3. Presupuesto de marketing.

$$\text{Porcentaje sobre ventas } = \frac{\text{Total gastos}}{\text{Total ventas}}$$

Margen de contribución

Total (Ventas-Costos directos)-Total presupuesto de marketing

Diseño de un plan de marketing	Fase 7

Instrucciones

Un plan de marketing se debe presupuestar para un período de un año y revisar por lo menos cada trimestre.

La información que contienen estos pronósticos es relevante, puesto que las decisiones de marketing y financieras a proyectarse dependerán del tipo y coste de cada propuesta.

Términos de referencia

Para continuar con el desarrollo del plan de marketing se recomienda seguir los siguientes pasos:

Pronósticos y presupuesto

1. Pronóstico de ventas
2. Pronóstico de costes directos de ventas
3. Presupuesto de marketing

Capítulo 12

PLAN DE SEGUIMIENTO

"Es más importante hacer lo estratégicamente correcto que lo inmediatamente rentable".

Philip Kotler

El plan de seguimiento es la materialización del plan de marketing. Todo plan de marketing debe tener un plan de seguimiento que reúna las actividades y estrategias a desarrollar en un período determinado.

El empresario debe revisar si se cumplieron los objetivos propuestos, cuáles fueron los resultados de los planes y evaluar cada actividad utilizando el control preventivo, concurrente o de retroalimentación.

El control preventivo se utiliza antes de ejecutar alguna actividad. Por ejemplo, si se va a realizar una investigación de mercados, se recomienda hacer una prueba antes de aplicarla. Si se tiene planificado desarrollar un lanzamiento de producto, el control preventivo sería la fase de test y prueba de producto antes de introducirlo en el mercado.

El control concurrente es el más común de todos los controles. Se aplica durante la ejecución de las actividades del plan de marketing. Este tipo de control permite identificar rápidamente los logros y limitaciones que se hayan presentado en tiempo real.

El control de retroalimentación se realiza cuando finaliza la ejecución del plan de marketing.

Diseño de un plan de marketing   Fase 8

Instrucciones

El plan de seguimiento es la última sección de un plan de marketing. Un plan de marketing debe evaluarse durante su implementación.

Si el empresario no sabe cómo medir sus iniciativas de marketing no obtendrá los resultados necesarios para mejorar de cara al futuro sus estrategias de marketing.

Términos de referencia

Para continuar con el desarrollo del plan de marketing se recomienda seguir los siguientes pasos:

Plan de seguimiento

1. Cronograma
2. Controles

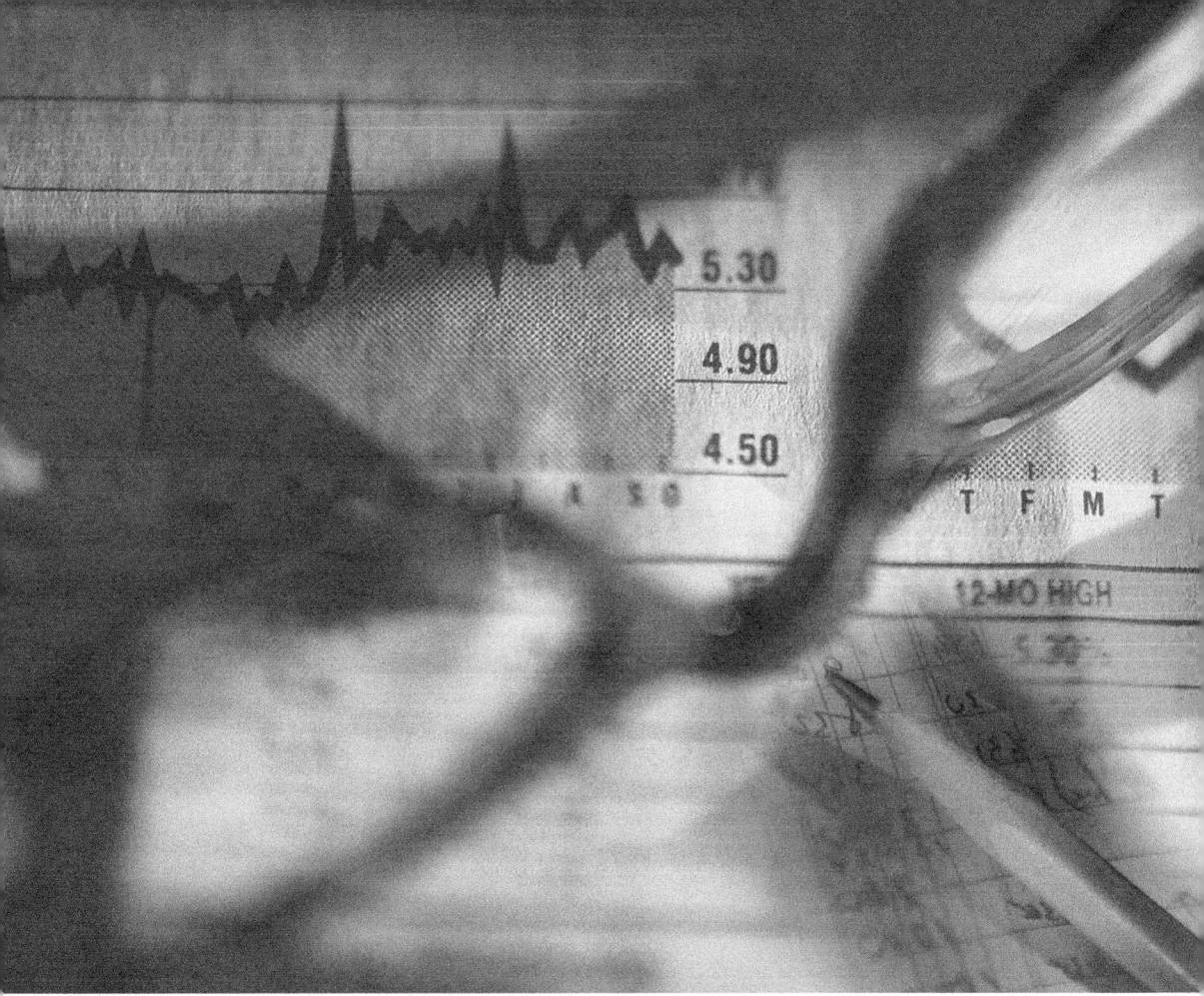

PARTE 6
PLAN DE MARKETING

Capítulo 13

COMPONENTES DEL PLAN DE MARKETING

RESUMEN EJECUTIVO

Los preliminares de un plan de marketing son: portada, tabla de contenido y resumen ejecutivo. Todo plan de marketing requiere de un resumen ejecutivo que exponga un panorama general de los contenidos y resultados del plan. Se recomienda realizarlo cuando se termine el documento.

13.1 FILOSOFÍA EMPRESARIAL DE MARKETING

13.1.1 Descripción de la empresa

En esta sección se incluye el nombre de la empresa, actividad principal, localización, sector y breve reseña histórica.

13.1.2 Misión

Es un conjunto de creencias básicas que se derivan de la identidad corporativa y de los objetivos de la compañía, su valor agregado en el mercado y en sus empleados.

13.1.3 Visión

La visión es la expresión de la empresa de cara al futuro, hacia dónde quiere llegar la empresa y cómo deberá lograrlo.

13.1.4 Principios

Son proposiciones que establece una empresa en torno a las acciones y comportamientos de los individuos.

13.1.5 Contexto estratégico

Está compuesto por todos los fenómenos y acontecimientos actuales que tienen influencia en el funcionamiento de la empresa.

13.1.6 Factores clave del éxito

Se componen de una serie de variables que de manera positiva influyen en el comportamiento de la empresa y de los productos en el contexto estratégico.

13.1.7 Diagnóstico estratégico dinámico

Pretende identificar las variables internas y externas que influyen en la actividad del negocio. Los frenos corresponden a los obstáculos a los que se enfrenta la empresa y los aceleradores a las posibles soluciones. Cada freno puede tener una o más soluciones.

Frenos	Aceleradores

13.1.8 Pirámide estratégica

Es una explicación generalizada del resumen de las estrategias, tácticas y programas a desarrollar.

13.2 EL AMBIENTE DE MARKETING

13.2.1 Macroambiente

Describa y analice las variables externas que inciden en las acciones y decisiones de su empresa.

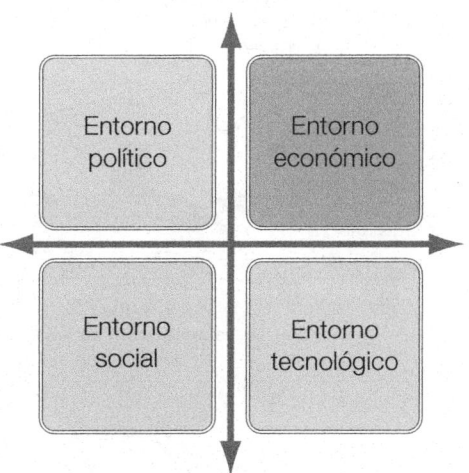

13.2.2 Microambiente

Describa y analice las variables internas que inciden en las acciones y decisiones de su empresa.

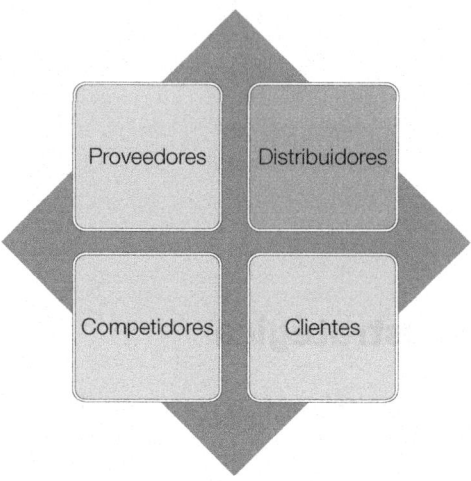

13.2.3 El ambiente interno

El ambiente interno analiza las fortalezas y debilidades que tiene la estructura interna de la empresa y a su vez desarrolla propuestas de incentivos a los empleados para que se vean reflejadas en su interacción con el mercado objetivo.

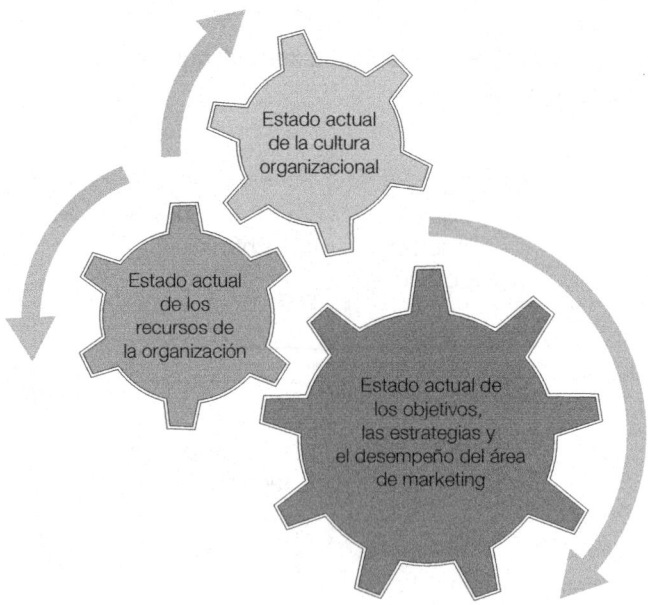

13.2.4 Necesidades del mercado

¿Ahorra usted tiempo, esfuerzo o dinero a sus clientes? ¿Realza usted en sus clientes su valor neto, su seguridad o su potencial? ¿Enriquece usted a sus clientes sus habilidades, su sentido de seguridad o su amor propio? ¿Reduce usted al mínimo sus riesgos verdaderos o percibidos, miedos o responsabilidades?

13.2.5 Análisis DOFA

Determine cuáles son las variables internas que representan las fortalezas y debilidades de su empresa y de su producto. Además, establezca las variables externas que se constituyen en las amenazas y oportunidades para su empresa y su producto.

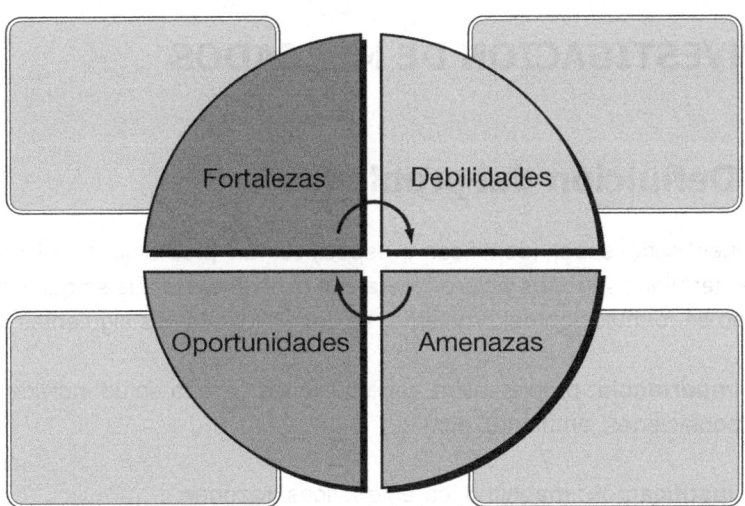

13.2.6 Puntos críticos del análisis DOFA

Cuando se realiza el análisis DOFA surgen unos puntos críticos que afectan al plan de marketing y que deben ser objeto de estudio. Para eso se deben definir las estrategias generadas por el cruce de las variables del análisis DOFA como aparece en la siguiente figura:

		Fortalezas (Strengths)	Debilidades (Weaknesses)
	Oportunidades (Opportunities)	Estrategias FO ¿Cómo las fortalezas permiten aprovechar oportunidades?	Estrategias DO ¿Cómo superar las debilidades aprovechando las oportunidades?
	Fortalezas (Threats)	Fortalezas FA ¿Cómo las fortalezas permiten evitar amenazas?	Debilidades DA ¿Cómo reducir las debilidades y evitar las amenazas?

13.3 INVESTIGACIÓN DE MERCADOS

13.3.1 Definición del problema

Es necesario saber identificar y especificar un problema de investigación y redactarlo en términos sencillos y claros, para que éste refleje lo que se quiere investigar. En el proceso de formulación del problema, se deben resaltar los siguientes elementos:

- **Importancia:** problemática, repercusiones para la salud individual o de las poblaciones, ambiente, etc.

- **Justificación:** magnitud, características, razones.

- **Propósito:** cuál es el fin último de los datos recopilados; recomendación que se hará en base a los resultados.

13.3.2 Objetivos de investigación

Los objetivos deben mostrar una relación clara y consistente con la descripción del problema y, específicamente, con las preguntas o hipótesis que se quieren resolver. La formulación de objetivos claros y viables constituye una base importante para juzgar el resto de la propuesta y, además, facilita la estructuración de la metodología.

13.3.3 Diseño de investigación

El investigador determina el tipo de información (variables o categorías) más apropiadas para resolver el problema de investigación. En esta sección se explica el tipo de estudio a realizar, la definición del tamaño de la población a estudiar (censo o muestra), las técnicas que se aplicarán, la duración y la fecha de realización, y se anexa al final del plan de marketing el formato del instrumento utilizado.

13.3.4 Análisis de resultados

Los resultados de la investigación de mercados deben estar compuestos por análisis apoyados en gráficas o tablas. Se deben desarrollar análisis univariados y bivariados. Organice el análisis dando respuesta a cada objetivo específico y de manera ordenada.

13.4 SEGMENTACIÓN DE MERCADOS

La segmentación puede ser útil para conocer al cliente e identificar oportunidades de mercados. La segmentación es el resultado de dividir el mercado en diferentes partes. Para eso el empresario debe seguir los siguientes pasos:

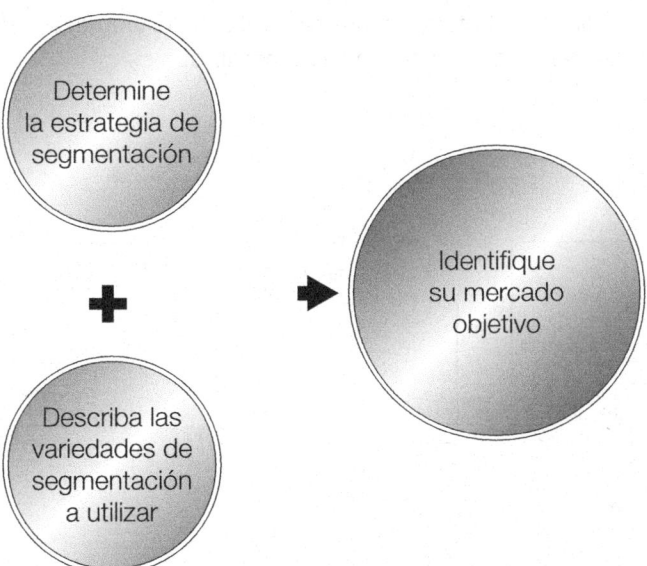

13.4.1 Estrategia o nivel de segmentación

Después de analizar los segmentos del mercado en el capítulo anterior, el paso siguiente será aplicar la estrategia que considere oportuna para penetrar o consolidar el marketing.

13.4.2 Perfil del segmento

Una vez definidos los mercados que la empresa atiende, se procede a segmentar el mercado de consumo o corporativo. Si la empresa cuenta con varios segmentos, debe aplicar el modelo a cada uno.

13.4.3 Mercados objetivo

La empresa debe determinar cuáles son sus mercados objetivo. Posteriormente debe señalar cuáles son más rentables y cuáles estarán sujetos a la ejecución del plan de marketing.

13.5 POSICIONAMIENTO

Antes de definir la estrategia de posicionamiento, el empresario debe reflexionar sobre las preguntas planteadas en el capítulo 9 del libro.

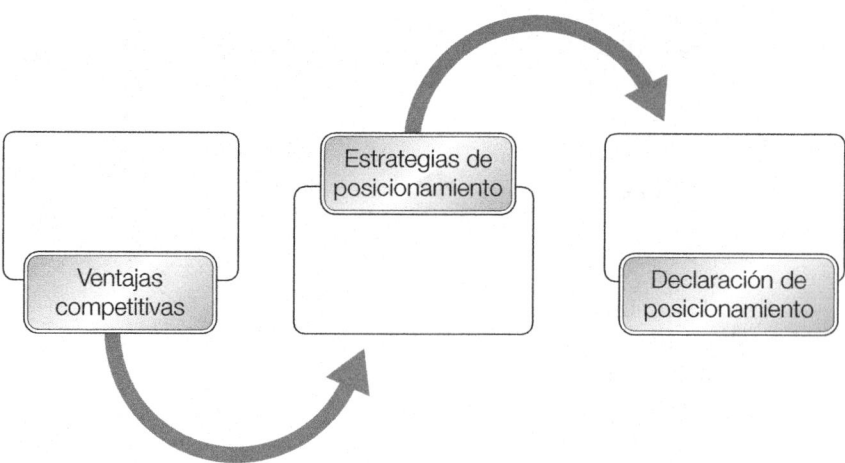

13.6 MARKETING MIX

13.6.1 Estrategia de producto

13.6.1.1 Tipo de productos y su ciclo de vida

Descripción detallada del conjunto de productos que ofrece la empresa.

Producto	Características	Ciclo de vida

13.6.1.2 Matriz DOFA de los productos

Análisis de las debilidades, oportunidades, fortalezas y amenazas de los productos que ofrece la empresa.

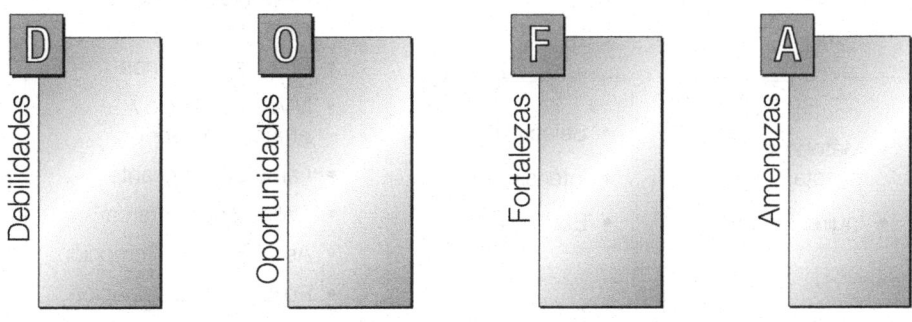

13.6.1.3 Marca y envase

Describa el nombre y el logo del producto. Explique el tipo de marca que emplea para sus productos. Describa las características del envase y agregue el diseño de una nueva propuesta de envoltura y etiquetas, o en su defecto una tradicional mejorada.

13.6.2 Estrategia de precio

1. Identifique los factores internos que afectan el precio de su catálogo de productos.
2. Identifique los factores externos que afectan el precio de su catálogo de productos.
3. Determine y explique su estrategia de establecimiento de precios.
4. Presente los precios de venta de los productos mencionados.

13.6.3 Estrategia de distribución

Determine los factores que influyen en la elección de su canal de distribución. Para la estrategia de distribución debe desarrollar las siguientes variables que intervienen en la elección del canal:

Longitud del canal	Anchura	Criterios de compra
• Método de venta directa • Indirectamente	• Selectiva • Intensiva • Exclusiva	• Demanda efectiva • Margen de contribución • Volumen esperado • Disponibilidad de la mercancía • Precios y términos • Nivel de servicio / atención al cliente • Fama del fabricante • Calidad de la marca • Asistencia de promoción • Políticas de distribución

13.6.4 Estrategia de comunicación

13.6.4.1 Plan de publicidad

Objetivos	Formule los objetivos de la estrategia publicitaria
Audiencia potencial	Determine el público objetivo
Plan de medios	Señale los medios de comunicación a utilizar en el plan de marketing. Establezca las posibilidades para cada medio
Representación de la campaña publicitaria	Dependiendo del medio publicitario escogido se debe exponer la propuesta de la estrategia publicitaria

Presupuesto del plan de publicidad

Descripción	Mes 1	Mes 2	Mes 3	Mes 4	Mes 5	Mes 6	Mes 7	Mes 8	Mes 9	Mes 10	Mes 11	Mes 12	Año 20xx
Total													

13.6.4.2 Plan de promoción de ventas

Objetivos	Formule los objetivos de la estrategia de promoción de ventas
Herramientas promocionales para el consumidor	Determine, explique y cuantifique las herramientas a utilizar
Herramientas promocionales para el distribuidor	Determine, explique y cuantifique las herramientas a utilizar
Herramientas promocionales para la fuerza de ventas	Determine, explique y cuantifique las herramientas a utilizar

Presupuesto del plan de promoción de ventas

Descripción	Mes 1	Mes 2	Mes 3	Mes 4	Mes 5	Mes 6	Mes 7	Mes 8	Mes 9	Mes 10	Mes 11	Mes 12	Año 20xx
Total													

13.6.4.3 Plan de relaciones públicas

| Objetivos | Formule los objetivos de relaciones públicas |
| Herramientas de las relaciones públicas | Determine, explique y cuantifique las herramientas a utilizar |

Presupuesto del plan de relaciones públicas

Descripción	Mes 1	Mes 2	Mes 3	Mes 4	Mes 5	Mes 6	Mes 7	Mes 8	Mes 9	Mes 10	Mes 11	Mes 12	Año 20xx
Total													

13.6.4.4 Plan de ventas personales

Objetivos	Formule los objetivos de las estrategias de ventas personales
Políticas de ventas	En términos de territorio, precios y descuentos, envíos, medios de pago, garantías, seguridad y privacidad de la información
Preventa	Explique el proceso y acercamiento previo a utilizar
Venta	Explique el proceso de encuentro con el prospecto y el cierre de ventas o sobreponerse. Determine cómo será y el manejo de objeciones con sus respectivas resistencias
Posventa	Explique el proceso de seguimiento y la fuerza de ventas a utilizar

Presupuesto del plan de ventas personales

Descripción	Mes 1	Mes 2	Mes 3	Mes 4	Mes 5	Mes 6	Mes 7	Mes 8	Mes 9	Mes 10	Mes 11	Mes 12	Año 20xx
Total													

13.6.4.5 Plan de marketing directo y *online*

Objetivos	Formule los objetivos de las estrategias de marketing directo
Herramientas de marketing directo	Determine, explique y cuantifique las herramientas a utilizar

Presupuesto del plan de marketing directo y *online*

Descripción	Mes 1	Mes 2	Mes 3	Mes 4	Mes 5	Mes 6	Mes 7	Mes 8	Mes 9	Mes 10	Mes 11	Mes 12	Año 20xx
Total													

13.7 PRONÓSTICOS Y PRESUPUESTO DE MARKETING

13.7.1 Pronósticos de ventas

Ventas	Mes 1	Mes 2	Mes 3	Mes 4	Mes 5	Mes 6	Mes 7	Mes 8	Mes 9	Mes 10	Mes 11	Mes 12	Año 20xx
Producto A													
Producto B													
Producto C													
Producto D													
Producto E													
Producto F													
Total ventas													

13.7.2 Pronósticos de costes directos de ventas

Costes	Mes 1	Mes 2	Mes 3	Mes 4	Mes 5	Mes 6	Mes 7	Mes 8	Mes 9	Mes 10	Mes 11	Mes 12	Año 20xx
Subtotal													

13.7.3 Presupuesto de marketing

Gastos	Mes 1	Mes 2	Mes 3	Mes 4	Mes 5	Mes 6	Mes 7	Mes 8	Mes 9	Mes 10	Mes 11	Mes 12	Año 20xx
Total													
% sobre ventas													
Margen de contribución													
Margen de contribución/ ventas													

13.8 PLAN DE SEGUIMENTO

13.8.1 Cronograma de actividades

Describa las actividades que se desarrollarán desde el inicio hasta el final de la ejecución del plan de marketing.

Actividades	Fecha de inicio	Fecha de realización	Presupuesto	Responsable

13.8.2 Controles

Determine cómo serán los controles durante el proceso de ejecución del plan de marketing.

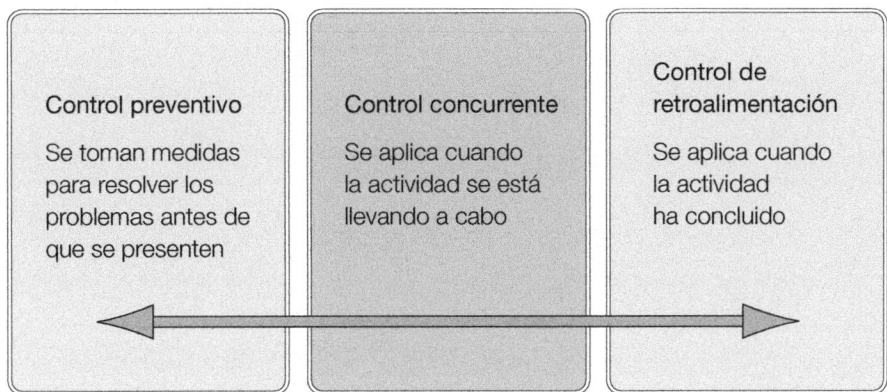

Capítulo 14

PLAN DE MARKETING DE NIKUQ

RESUMEN EJECUTIVO

El mercado artesanal en Colombia ha crecido ostensiblemente en los últimos cinco años. Hoy día, artículos como las joyas y los metales preciosos son cada vez más solicitados en mercados internacionales como el de Estados Unidos, por ejemplo, debido al gran potencial de exportación con el que cuentan. De acuerdo con la Federación Nacional de Comerciantes (Fenalco),[2] el sector joyero cuenta con un nuevo instrumento de competitividad en el mercado colombiano. Se trata de una serie de normas técnicas que garantizan la calidad de las joyas tanto a nivel nacional como internacional, con el fin de que los empresarios puedan elaborar sus productos de acuerdo con la demanda y las exigencias de los consumidores de hoy día. De esta manera, esta herramienta motiva a los pequeños y medianos empresarios involucrados con el sector de la joyería, a hacer empresas más competitivas y capaces de incurrir en mercados mundiales.

---

2   Federación Nacional de Comerciantes. Fenalco (en línea). Disponible en: http:// www.fenalco bogota.com.co/ index.php?option=com_content&task=view&id=342&Itemid=53 (citado el 29 de septiembre de 2007).

Adicionalmente, Artesanías de Colombia[3] se encuentra desarrollando un proyecto que beneficiará a más de 1.500 artesanos en todo el país. Este programa tiene como fin generar valor agregado a las empresas joyeras colombianas, empleando alta calidad y diseño en la fabricación y elaboración de los productos. El plan incluye crecimiento y capacitación de joyeros en talleres, nueva tecnología y alianzas estratégicas locales y regionales. Por esto será necesario invertir cerca de 1.200 millones de pesos con el fin de eliminar las debilidades y carencias de este sector y poder fortalecer y diversificar el mercado.

Por lo anterior, se presenta una oportunidad en el mercado colombiano para diseñar joyas artesanales con innovadores procesos productivos y defendiendo la premisa de la protección al medio ambiente. La intencionalidad de la empresa subyace en la creación y consolidación de una marca a través de un concepto de joyas único y creativo. Para lograr este cometido, la empresa Nikuq diseñó un plan de marketing que comprende los siguientes capítulos: a) filosofía empresarial, b) ambiente de marketing, c) investigación de mercados, d) segmentación y posicionamiento, e) propuestas de estrategias de marketing y f) presupuestos y seguimiento.

A través de la elaboración del plan de marketing, la empresa determinó claramente sus ventajas competitivas. En primer lugar, cuenta con la ventaja de llegar a posicionar la marca, debido a la novedad del producto y aprovechando las tendencias actuales de utilización y preferencia por los productos naturales, con mano de obra artesanal. En segundo lugar, se presentarán dos líneas de productos las cuales abarcan las tendencias formales e informales de las mujeres, diferenciándose de las joyerías de lujo y de las ferias artesanales que se centran en su respectivo objetivo.

En cuanto a la línea informal, los costes de la pedrería y la mano de obra para elaborarlas son bajos, debido a que utilizarán elementos naturales. En tercer lugar, la empresa cuenta con la oportunidad de crear un *software* especializado, donde los clientes puedan desarrollar su propio diseño de producto vía Internet.

En términos de demanda, la investigación de mercados presenta la intencionalidad de compra por parte de mujeres que habitan los estratos 4, 5 y 6 de la ciudad de Bogotá. Dentro de los principales resultados cabe destacar lo siguiente: el 80% de las 60 mujeres encuestadas comprarían este nuevo producto, y al 77% le gustó. Del total de personas encuestadas, un 91% considera los productos novedosos y atractivos. De acuerdo con lo anterior, en el plan de marketing se enfatiza que el mercado objetivo son un total de 784.636 mujeres mayores de 18 años pertenecientes a los

---

3   Expoartesanías 2007. Se acerca Expoartesanías 2007 (en línea). Disponible en: http://www.expo artesanias.com/index.cfm?doc=noticias_detalle&IdVersion=95 (citado el 8 de octubre de 2007).

estratos 4, 5 y 6 de Bogotá. Por otra parte, se considera el mercado exclusivo, ya que la competencia directa realiza accesorios con otros insumos que no son perdurables en el tiempo.

En el plan de marketing se sustenta la estrategia de segmentación y posicionamiento que utilizará la empresa para fortalecer la imagen de sus productos. Se aplicará una estrategia diferenciada de segmentación, la cual estará articulada a la estrategia de posicionamiento por estilos de vida. En cuanto al diseño de las estrategias de marketing, en el plan se detallan los objetivos y tácticas que se aplicarán para el año 2008. Finalmente aparecen los presupuestos y el plan de seguimiento para la ejecución efectiva del plan anual.

14.1 FILOSOFÍA EMPRESARIAL

14.1.1 Descripción de la empresa

La empresa surge de la necesidad de promover la industria colombiana en el exterior, así como de proyectar una visión más amplia del país durante los próximos años y de comprender cómo el calentamiento global está afectando el ecosistema. Por este motivo, se propuso crear una empresa con ideas nuevas y creativas que la hagan distinguirse de otras por su valor agregado, por la utilización de elementos naturales para confeccionar joyas y a su vez por la protección al entorno ambiental.

Nikuq es una empresa nueva con responsabilidad social y ambiental, la cual busca fomentar el empleo de artesanos, indígenas, campesinos desplazados por la violencia y mujeres cabezas de familia capacitadas, buscando explotar sus habilidades en pedrería y joyería, en un lugar en el que, además de respetar y conservar el ecosistema, tengan la oportunidad de ejercer su profesión. La empresa tiene como propósito abrir un punto de venta en la ciudad de Bogotá en el sector norte, entre la carrera séptima y la autopista, y la calle 127 hasta la calle 80. En cuanto a la fábrica, se ubicará en La Mesa, Cundinamarca.

14.1.2 Misión

Impulsar el desarrollo y la organización del sector artesanal con productos brindados por la naturaleza en Colombia, basándose en una filosofía de calidad y talento humano. Centrarse en la producción, distribución y comercialización de joyas artesanales elaboradas con elementos 100% naturales y adornadas con pedrería, dedicadas a las mujeres y esforzándose por conservar la vida natural.

14.1.3 Visión

Ser pioneros en la organización, innovación y el desarrollo artesanal, consolidándonos como una de las empresas más importantes del país en materia de pedrería y joyería para poder aportar al desarrollo económico de nuestro país, manteniendo como telón la fusión de desarrollo humano y conservación de la naturaleza.

14.1.4 Principios

- **Mejoramiento continuo.** Asegurar el mejoramiento continuo y la calidad de los productos y procesos.

- **Responsabilidad.** Fomentar la libre empresa, la competencia sana dentro del marco de la ley y el desempeño eficiente y ágil, basado en principios de ética, responsabilidad y lealtad.

- **Conciencia.** Conservar el medio ambiente para contribuir a mantener el equilibrio ecológico y la calidad de vida de nuestro entorno.

- **Adaptabilidad.** Mantener un clima organizacional motivante, en el que cada persona pueda desarrollar sus competencias y habilidades.

14.1.5 Contexto estratégico

- El capital humano está tomando la dimensión estratégica necesaria para que aporte valor a la empresa.

- Los procesos cada vez están más consolidados e integrados, buscándose la máxima calidad y eficiencia.

- Prevalece la cooperatividad sobre la competitividad.

- Bloques geopolíticos que superarán las nacionalidades.

- La reorientación de las empresas hacia empresas ciudadanas.

- Concentración de la pobreza.

- Gran preocupación por el medio ambiente.

- Los bienes y servicios dirigidos hacia el cliente son "a medida", es decir, las preferencias del cliente son primordiales dentro del proceso productivo empresarial.

- La llamada globalización se ha de combinar con un marketing local necesario, es decir, debemos ser eficientes.

14.1.6 Factores clave del éxito

El producto, por el hecho de ser nuevo en el mercado nacional, posiciona a la empresa con un carácter innovador y original. De esta manera, cuenta con el diferenciador clave, gracias al cual puede sobresalir por encima de otras empresas productoras y comercializadoras de joyas. Este valor agregado que la distingue de la competencia, es que los artículos tienen complejidad en la imitación; tanto la producción, elaboración, distribución y comercialización del producto, son procesos únicos y clave de esta empresa.

- *Know-How.*

- Investigación especializada.

- Producto innovador.

- Valoración de la mano de obra de indígenas desplazados y madres cabeza de familia.

- Utilización de materiales naturales en el proceso productivo.

- Responsabilidad ambiental.

- Entorno cambiante.

14.1.7 Diagnóstico estratégico dinámico

Frenos	Aceleradores
Falta de conocimiento en la tecnología aplicada para el desarrollo de las joyas.	Capacitación en tecnología de producción basada en elementos naturales.
No se puede utilizar la variedad de materias primas que el mercado ofrece, ya que no se adaptan a las condiciones de productos, ejemplo: el plástico flota en el agua.	Ninguna empresa de las que elaboran joyas utiliza las cuentas como base en el diseño.
La imagen de la empresa es nueva y con poca experiencia.	La marca se posicionará en el mercado, ya que mezcla la calidad con la innovación en un producto creado por la naturaleza.
No cumplir los volúmenes de pedidos del cliente, debido a las restricciones en la producción.	Servicios de atención al cliente personalizados, debido al tamaño de la empresa.
Dificultad para satisfacer las capacidades necesarias en los requerimientos del personal (MOD).	Selección minuciosa del personal a trabajar en el desarrollo del producto.
No se puede contratar el diseño de la cuenta ya que es elaborado con elementos naturales.	Variedad de diseños de las joyas de acuerdo con las necesidades de los clientes.
Dificultad de posicionarse en el sector de las joyas como líderes, debido a la gran variedad de industrias existentes en el mercado.	Aplicación de la declaración de posicionamiento que permita ubicar un lugar en la mente del comprador.
Internet no es un medio al que accedan todos los clientes potenciales.	Es la primera empresa en desarrollar joyas artesanales vendiéndole al cliente la responsabilidad social y ambiental que ésta trae consigo.

14.1.8 Pirámide estratégica

La pirámide estratégica se expone en el contenido de los siguientes capítulos del plan de marketing.

14.2 EL AMBIENTE DE MARKETING

14.2.1 Macroambiente

14.2.1.1 Entorno político

La industria joyera colombiana cuenta con acuerdos comerciales con países como Estados Unidos, Canadá, entre otros. Según Proexport,[4] los principales porcentajes que se pactaron para cada acuerdo y con los cuales le empresa Nikuq puede entrar con mayor facilidad en nuevos mercados a nivel internacional:

- Estados Unidos y Puerto Rico: establece 0% de arancel para los productos que cumplan con las normas del sistema de preferencias.
- Unión Europea: otorga 100% de reducciones arancelarias a los productos colombianos.
- Canadá: los productos de joyería pagan 5% de arancel como máximo.
- Grupo de los 3 (Méjico, Colombia y Venezuela): el arancel es de 0%.
- Comunidad Andina de Naciones (CAN): los productos estudiados tienen acceso preferencial con arancel de 0%.

El Ministerio de Comercio, Industria y Turismo busca promover la generación de pequeñas empresas a través de capacitaciones, asesorías y ejecución de programas de emprendedores. En el caso colombiano, la reglamentación y normativa para el montaje de una empresa exige una serie de 34 requerimientos. Uno de los requerimientos consiste en registrar la empresa ante la Cámara de Comercio de Bogotá:

Características	La sociedad de responsabilidad limitada se identificará con la denominación o razón social "Nikuq Ltda". En cuanto a la responsabilidad de los socios, cada uno responde hasta por el valor de su aporte, pero es posible pactar para todos o algunos de los socios una responsabilidad mayor, prestaciones accesorias o garantías, expresando su naturaleza, cuantía, duración y modalidades. El capital está dividido en cuotas o partes de igual valor, que debe ser pagado en su totalidad en el momento de constituir la sociedad, así como en el momento de solemnizar cualquier aumento del mismo.

---

4   Proexport. Manual de exportación de joyería y bisutería (documento electrónico). Disponible en: http://www. proexport.com.co/VBeContent/library/documents/DocNewsNo7680Document No6566.PDF (citado el 16 de agosto de 2007).

14.2.1.2 Entorno económico

En los últimos cinco años, el gobierno ha buscado promover un mayor compromiso por parte de las empresas para que cumplan con la normativa, a través de programas de microcréditos, exención tributaria y otros beneficios. Las principales problemáticas a las que se enfrentan los artículos de joyería es su bajo nivel de integración en las actividades de transformación básica de metales, producción de joyas y la extracción de las piedras, lo que no permite tener el suministro óptimo de materias primas para la actividad. Según el Departamento de Planeación Nacional:[5] "La baja integración responde a condiciones de entorno que generan desincentivos para la destinación de la producción minera al mercado nacional, la ausencia de una agremiación sólida dentro de las actividades y entre ellas limita el desarrollo de iniciativas de asociación y de proyectos de fomento sectorial".

En el informe anual de la Encuesta Manufacturera[6] para el 2001 la producción total de las industrias básicas de metales preciosos y de metales no ferrosos fue de 176.238 millones de dólares, con una participación del 0,7% del Producto Interior Bruto. Colombia importó 4.515.466 millones de dólares para el año 2002 y exportó 642,7 millones de dólares para el año 2003 en perlas finas (naturales) o cultivadas, piedras preciosas o semipreciosas, metales preciosos, chapados de metal precioso (plaqué) y manufacturas de estas materias, bisutería). Colombia es un gran importador de artículos de joyería en plata y los artículos de bisutería. De acuerdo con Proexport,[7] las exportaciones totales del sector joyería y piedras preciosas, incluyendo bisutería, entre 2003 y 2004 han presentado en su conjunto un decrecimiento del 3,6% al pasar de 712 millones a 687 millones de dólares, respectivamente. Como se puede observar en el gráfico 14.1, ésta es la distribución de las exportaciones colombianas en joyería.

El mercado mundial de la joyería oscila alrededor de los 72.000 millones de dólares al año, según el ICEX.[8] Colombia exporta alrededor de 19 millones de dólares en artículos de joyería y bisutería; no obstante es el principal país productor de esmeraldas y uno de los principales de oro en el mundo. Estos datos reflejan el gran potencial de dicha industria en el país, como alternativa para generar crecimiento en el PIB nacional.

---

5   Departamento de Planeación Nacional. Sector metales, piedras preciosas, joyería y bisutería (documento electrónico). Disponible en: www.dnp.gov.co/archivos/documentos/AI_Documentos/ joyeria.pdf (citado el 16 de agosto de 2007).

6   *Ibíd.*

7   Centro de Información y Asesoría de Comercio Exterior. Manual de exportación de joyería y bisutería (documento electrónico). Disponible en: www.proexport.com.com/VBe/documents/Doc NewsNo7680DocumentNo6566.pdf (citado el 16 de agosto de 2007).

8   Instituto Español de Comercio Exterior (ICEX). El mercado de joyería en Colombia, junio de 2005 (documento electrónico). Disponible en: http://www.oficinascomerciales.es/icex/cma/content Types/common/ records/ viewDocument/0,,,00.bin?doc=456244

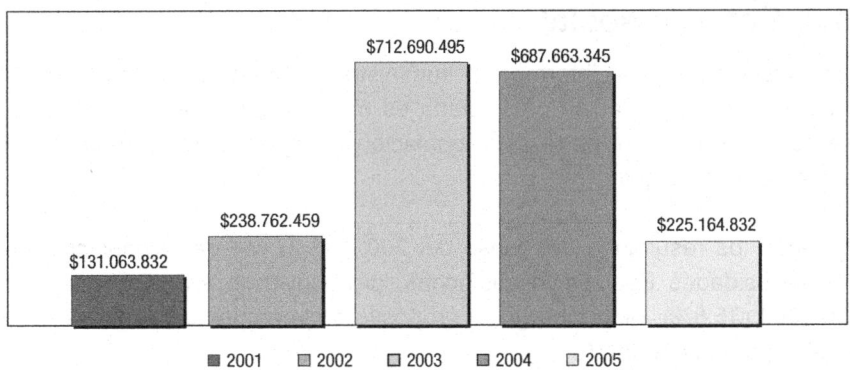

Gráfico 14.1. *Exportaciones colombianas de joyería y piedras preciosas hasta abril de 2005.*

La industria manufacturera representó muy poco dinamismo en el año 2005 con respecto al 2004, ubicándose en un 3,9% por debajo del PIB (5,2%). Sin embargo, la variación presentada entre el 2005 y el 2006, demuestra que la industria manufacturera alcanzó el 6%, incrementándose en un 2,1%, según un informe de Agrocadenas.[9] Lo anterior indica, que si bien la industria manufacturera no representa un gran valor dentro del PIB, en el 2006 mostró un mayor dinamismo respecto al año anterior, en este caso la empresa Nikuq tiene una gran posibilidad de formar parte de este sector, aumentando el crecimiento de la economía colombiana.

A partir de julio de 2006, la inflación ubicada en el 4% se incrementó sobrepasando los objetivos propuestos y se ubicó en el 5,77% para julio del 2007. De esta manera, para mantener controlada la inflación, el Banco de la República[10] se encargó de elevar las tasas de interés al 9,25%, de manera que los precios de los productos se incrementaron en la misma proporción. En este caso, los artículos de joyería y pedrería que produce y comercializa Nikuq tendrían que elevar sus precios al mismo ritmo que la inflación. De manera que se puede afirmar que tanto la inflación como las tasas de interés, tienen una relación directamente proporcional y su efecto puede ser tanto positivo como negativo, dependiendo de la coyuntura colombiana.

---

9   Agrocadenas. Desempeño macroeconómico (en línea). Disponible en: http://www.agrocadenas. gov.co/ indicadores/ind_macro_piba.htm (citado el 13 de agosto de 2007).

10   Banco de la República de Colombia. Comunicado de prensa 27 de julio de 2007 (en línea). Disponible en: http:// www.banrep.gov.co/sala-prensa/com2007-4.html#13082007 (citado el 14 de agosto de 2007).

14.2.1.3 Entorno social

De acuerdo con la información suministrada por el censo del año 2005, la calidad de vida de la población colombiana es muy baja, por tanto, el objetivo de la empresa es cubrir la mayor parte de la población trabajadora, incrementando de esta manera el empleo en el país.

Según los resultados del censo del 2005, el 27,6% de la población del país presentó Necesidades Básicas Insatisfechas, disminuyendo en 8,2 puntos frente al censo de 1993 (35,8%). Sin embargo, el propósito de la empresa es reducir ese índice en 10 puntos para el año 2015.

De esta manera, los artesanos, campesinos e indígenas y madres cabeza de familia realizarán sus labores bajo responsabilidad de la organización, con el fin de que como empresa, puedan llegar a suplir las necesidades básicas de la población.

Según el ICEX se puede segmentar el producto de joyería en tradicional, de diseño, artística y a su vez se clasifica en función del precio de venta al público en: alta joyería, joyería comercial, cuyos porcentajes de participación son del 15%, 20% y un 65%, respectivamente, de la demanda nacional.

De acuerdo con el ICEX las principales compradoras de joyería en Colombia son mujeres entre los 20 y 50 años. Mientras que los hombres tradicionalmente han sido compradores de joyería fina hecha en oro, plata y otros metales preciosos. Teniendo como diferencia los materiales y la cantidad.

Conforme al ICEX, la joyería de diseño se ubica en las grandes ciudades del país como Bogotá, Medellín y Bucaramanga y la artística o no tradicional se produce en los talleres de las pequeñas localidades y ciudades intermedias. La demanda de joyería se encuentra en las ciudades capitales. Bogotá tiene una participación del 44% y Cundinamarca del 20% seguido por las ciudades de: Medellín con el 15%, Santander con el 9% y los departamentos de Bolívar (Cartagena) con el 5% y Atlántico (Barranquilla) con el 5%. La ciudad de Bogotá contiene la población objetivo para los accesorios que ofrece Nikuq.

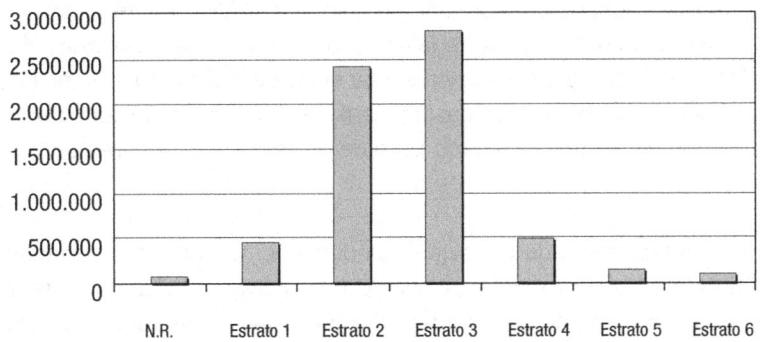

Gráfico 14.2. *Población por estratos, Bogotá, 2002, DANE.*

La mayor parte de la población se encuentra concentrada en los estratos 2 y 3 de la ciudad y tan sólo el 7% y el 2% se ubican en los estratos 1 y 6, respectivamente. De esta manera el estrato 4 está conformado por 486.460 personas, el estrato 5 por 203.114 y el estrato 6 por 140.279, para un total de 829.853 personas aproximadamente, con lo cual se reduce la población y la empresa puede centrarse exclusivamente en este tipo de mercado.

14.2.1.4 Entorno tecnológico

Actualmente Internet es una de las herramientas más poderosas de comunicación y de marketing. Es así como la información se encuentra sistematizada y fluye mediante redes y sitios *web* abarcando gran diversidad de lenguajes, continentes, países y territorios en el mundo entero.

Gracias a un informe presentado por el Dane[11] sobre la medición de las tecnologías de la información y las comunicaciones en el 2003: "(…) en los sectores público, productivo (industria manufacturera, comercio, servicios y micro-establecimientos), educativo (educación formal regular y educación superior) y comunidad (hogares y personas), estimó que el total de computadores en estos sectores está alrededor de 1.766.000, de los cuales 1.649.000 (93,4%) están en uso y de éstos, 737.000 (44,7%) están conectados a Internet".

---

11   Departamento Administrativo Nacional de Estadística. Modelo de la medición de las tecnologías de la información y las comunicaciones - TIC (documento electrónico). Disponible en: http://www.dane.gov.co/files/investigaciones/tics/tics.pdf (citado el 15 de agosto de 2007).

Conforme a los resultados del estudio del DANE en términos de uso del ordenador, se verifica que del total de las personas que saben utilizarlo, el 22,4% y el 41,6% de ellas lo emplea en otras actividades y en entretenimiento, respectivamente. Es por esto que este medio de comunicación para dar a conocer el producto y demostrar sus características es el más adecuado para centrarse en las mujeres de estratos altos en Bogotá.

Ante este fenómeno de conexión mundial, la empresa prácticamente está en la fase TIC de informática. Para llegar a la fase interactiva se está concretando un plan para crear un *software* con acceso a Internet, en el cual las personas interesadas en el producto puedan dar a conocer sus opiniones y puntos de vista acerca del negocio y los artículos que ofrecen. De igual manera, la idea es que los usuarios puedan crear sus propios accesorios combinando estilos, colores, tamaños y cualquier otro tipo de joya, de tal forma que puedan personalizar sus productos y logren quedar satisfechos con el mismo. Un punto a favor es que están innovando no sólo con el producto que ofrecen, sino con la manera de crearle mayores canales de publicidad y promoción por medio de servicios de página *web* e Internet, para poder abarcar gran parte de los hogares de su mercado objetivo.

14.2.2 Microambiente

14.2.2.1 Proveedores

La empresa que comercializa la marca Nikuq cuenta con un entorno propicio para obtener los insumos necesarios para su proceso productivo. Existe una gran variedad de proveedores de materia prima. Como lo señala un estudio de Proexport:[12] "La existencia de diversos ambientes geológicos hace posible la explotación de una amplia variedad de minerales y metales de gran interés económico como metales y piedras preciosas y semipreciosas, entre otras oro, plata, platino, esmeraldas, etc.".

Si bien existe una amplia variedad de proveedores, no significa que prevalezca una amplia competencia entre ellos respecto al precio de venta, ya que son sectores que se han desarrollado junto con la historia del país y ya existen claramente unas reglas establecidas dentro del gremio, las cuales hacen que se mantenga un poder de negociación superior de ellos frente a Nikuq.

---

12   Proexport Colombia. Minería (en línea). Disponible en: http://www. proexport.gov.co/vbecontent/ NewsDetail. asp?ID=5710&IDCompany=20 (citado el 15 de agosto de 2007).

La empresa cuenta con dos tipos de proveedores: de materia prima y materiales directos. Algunos proveedores hacen parte del sector minero, pero hay piedras que se obtienen de proveedores que las importan de otros países, por esta razón la empresa cuenta con proveedores de diferentes tamaños. La sede del principal proveedor está localizada en la ciudad de Bogotá. De igual manera, tiene proveedores en las ciudades de Cartagena, Barranquilla y Medellín. Los criterios de compra están determinados por el precio, calidad, confianza y puntualidad en la entrega. Las piedras se compran con un crédito de 90 días y un descuento por pronto pago del 5% en los 10 primeros días.

14.2.2.2 Distribuidores

Considerando que los canales son el apoyo para la comercialización de la variedad de productos, la empresa utilizará dos formas de comercialización: método de venta directa y minoristas (tiendas especializadas). Los productos que Nikuq le ofrece al mercado son exclusivos y por esta razón deben ser de excelente calidad para así satisfacer a los clientes. Cada cuenta que se emplea para elaborar una joya se examina minuciosamente primero por el biólogo y luego por el artesano, ya que éste es quien determina si la cuenta se adapta o no a su modelo. Cuando una cuenta sale defectuosa, se desbarata y se vuelven a utilizar las piedras ya que éstas son muy costosas y no se pueden desperdiciar. Finalmente hay un supervisor de calidad, quien determina por medio de unos estándares ya establecidos, si la joya sale al mercado o si recomienza el ciclo de producción. Por otro lado, sus precios no pueden exceder los límites máximos que los clientes estén dispuestos a pagar, ya que si lo hacen por encima de este límite, no podrían generar su punto de equilibrio más la rentabilidad deseada, es por esto que se establece un equilibrio entre valor agregado y los costes de producción, con el tipo de clientes al que Nikuq desea llegar.

Por el hecho de ser un producto nuevo que no es conocido en el mercado colombiano, el poder de negociación que Nikuq tiene sobre sus distribuidores no es tan fuerte como el que ellos tienen sobre Nikuq, por esta razón también tienen su punto de venta directo por medio de una página *web*, en la cual el cliente final puede escoger su joya de acuerdo con un catálogo o incluso pueden diseñar sus joyas, mostrando al mismo tiempo cuáles son las tendencias del mercado, permitiéndole a Nikuq generar utilidades en cualquier momento del año. El producto que le ofrecen los proveedores a Nikuq son la base principal de la producción de Nikuq, lo que quiere decir que la empresa depende de sus proveedores para el desarrollo de la producción, pero hay que tener en cuenta que la gran variedad de proveedores que existen en el mercado hace que esta dependencia disminuya considerablemente.

14.2.2.3 Clientes

El grupo de compradores de los accesorios Nikuq son mujeres adolescentes, jóvenes y jóvenes adultas que habitan en la ciudad de Bogotá. De acuerdo con un artículo realizado por el psicólogo español David Martínez-Otero: "La joyería Vasari asegura que seis de cada diez clientes que entran en un establecimiento son mujeres, pero las joyas caras quedan reservadas para los hombres, de entre 30 y 50 años (…) Las piezas más demandadas son los anillos, el 60% de las ventas, seguidos de los pendientes, el 20%, los colgantes y las pulseras, el 20% restante. –Lo que ya se descarta (…), son los típicos conjuntos coordinados de pulsera, anillo y pendientes a juego– explica un portavoz de la joyería".[13]

Cuando se habla de materiales para seleccionar una joya, existe una amplia gama de minerales y metales con los cuales se pueden crear joyas. Por lo anterior: "En cuanto a los materiales, el 80% de las alhajas que se compran son de oro amarillo (…) sólo el 20% de las alhajas que se venden son oro blanco. La sencillez se impone en diseño y en materiales. Lo cuenta la directora de la Escuela de Protocolo Empresarial, Pilar Sánchez-Cano, que asegura que llevar joyas muy exageradas resta clase y categoría. Y aconseja que sobre todo en el trabajo nunca hay que hacer exhibición de poderío".[14]

Una de las características principales que inciden en la decisión de comprar una joya es la compra por impulso. Como lo plantea David Martínez-Otero lo que se busca inicialmente es satisfacer un vacío interior o cubrir una carencia afectiva. Para este profesional, lo que lleva a alguien a comprar una joya es la necesidad de buscar la distinción a través de un objeto de valor. El psicólogo comenta al respecto que: "Lo que se persigue, en definitiva, es buscar un símbolo que demuestre el estatus", argumenta Martínez-Otero.[15]

De acuerdo con el ICEX[16] las principales compradoras de joyería en Colombia son mujeres entre los 20 y 50 años. Mientras que los hombres tradicionalmente han sido compradores de joyería fina hecha en oro, plata y otros metales preciosos, teniendo como diferencia los materiales y la cantidad. Por esta razón las joyas de Nikuq se

---

13   Martínez-Otero, David. Comprar joyas es cosa de hombres (en línea). En Revista Cinco Días. Disponible en: http://www.cincodias.com/articulo/Sentidos/Comprar/joyas/caras/cosa/hombres/cdscdi   /20031021cdscdicst_2/Tes/ (citado el 16 de agosto de 2007).

14   *Ibíd.*

15   *Op. Cit.*

16   Oficinas comerciales. Oficina Económica y Comercial de la Embajada de España en Bogotá (documento en línea). Disponible en: http://www.oficinascomerciales.es/staticFiles/nota_sectorial_ joyeria_2004_10392_.pdf (citado el 16 de agosto de 2007).

encuentran diseñadas para mujeres mayores de 15 años y que pertenezcan a los estratos 4, 5 y 6 de la ciudad de Bogotá.

En Nikuq se manejan dos procesos de compra, el primero es el que se hace

Figura 14.1. *Proceso de compra.*

directamente con el cliente, y el segundo se maneja con los minoristas. En la figura 14.1 se pueden observar las etapas del proceso de compra en el método de venta directa.

Figura 14.2. *Proceso de compra en tiendas especializadas.*

En la figura 14.2 se explica el proceso compra del cliente a través de minoristas:

14.2.2.4 Competidores

El sector de las joyas es uno de los de mayor competencia en el país, debido a que gran parte de sus empresas se desarrollan en el sector informal rivalizando por precios y calidad en sus productos. Por otro lado, las empresas ya existentes tienen una *confianza ganada* con los clientes. La competencia del sector es muy agresiva, ya que son compañías que tienen una *imagen ganada* en el mercado, las cuales ofrecen joyas para todo tipo de necesidades; por otra parte, el sector informal está atacando el mercado de los precios bajos, restringiéndole a Nikuq el mercado en el cual se puede desarrollar mientras logra consolidar la marca. En la tabla 14.1 se analizan las fortalezas y debilidades de la empresa en comparación con sus competidores pertenecientes al sector joyero en general.

Los proveedores son los competidores directos más importantes, ya que las empresas productoras y comercializadoras de joyas puede comprar el producto ya terminado o comprarle a los proveedores de piedras la materia prima para elaborar sus productos.

Gran parte de los competidores más fuertes de la empresa Nikuq se encuentran ubicados en las ciudades de Bogotá y Cali. Éstos son los que pertenecen al gremio de fabricantes de joyas y artesanías elaboradas a mano (minoristas generales y manufacturas especiales). Entre los principales competidores de la empresa Nikuq se encuentran:

a. **Alas de Colombia mariposas nativas Ltda.** Primera empresa en iniciar el aprovechamiento sostenible de mariposas en Colombia y primera empresa colombiana en exportar legalmente mariposas disecadas con destino a Bélgica. Sus productos son elaborados con materiales vegetales, mariposas de su propio zoocriadero y diseños exclusivos. Ofrecen productos de excelente calidad que permiten mantener en el tiempo la belleza y el colorido de las mariposas en todos los climas y lugares como juego de collares, pendientes y anillos. Otros de sus productos son: tarjetas, separadores de página, portavasos, velas, llaveros, móviles, camisetas y blusas pintadas a mano.

b. **Di piú accesorios.** Esta empresa ha logrado una garantía de la marca mediante el manejo logístico que va encaminado al servicio al cliente e igualmente ha establecido un rápido posicionamiento en el mercado debido a la gestión financiera y a los estándares de calidad. La empresa ofrece más

Empresa	Fortalezas	Debilidades
Competencia	• Cuentan con mercado a nivel nacional e internacional. • Son empresas que cuentan con normativas legales vigentes. • Por llevar tanto tiempo en el mercado, adquieren un mayor prestigio y reconocimiento. • Gran experiencia con los clientes y las ventas. • Algunas empresas tienen líneas de producción extensas, no sólo joyas, sino gran variedad de otros artículos para la venta. • Los descuentos que realizan. • Los artículos son diseñados basándose en el gusto de los clientes. • Certificación de las joyas. • Brindan asesoría y otro tipo de servicios a los clientes.	• Precios excesivamente altos en algunas empresas. • Algunas empresas se dedican a la importación de la pedrería, con lo cual sus costes de producción se incrementan. • Actualmente existe una gran cantidad de almacenes de joyas del mismo tipo, por lo que la competencia es mayor. • No cuentan con productos innovadores. • No hay impacto social. Tan sólo en una de las empresas se está generando impacto ambiental.
Nikuq	• Cuenta con excelentes precios para ofrecer a sus clientes, además de ser competitivos. • Sus costes de producción son muy bajos. • Gran capacidad de innovación y creatividad en sus diseños constantemente. • Brinda la posibilidad de hacer juegos de pendientes y collares, por ejemplo, o vende sus artículos por unidad. • Se basa en el gusto y la necesidad de los clientes. • Genera un impacto tanto social como ambiental de gran valor, tanto para los clientes como para la competencia.	• Su enfoque es hacia un mercado nacional a diferencia de la mayoría de los competidores. • Es una empresa nueva en el mercado, por lo cual no cuenta con reconocimiento ni fidelidad por parte de los clientes. • No tiene experiencia. • Sólo se especializa en la elaboración de joyas. • No está posicionada en el mercado.

Tabla 14.1. Análisis DOFA de la competencia y Nikuq.

de 3.500 piezas de pendientes, collares, pañoletas, pulseras, entre otros. En la ciudad de Bogotá tiene tres puntos de venta, lo que refuerza la sostenibilidad del negocio y crecimiento a corto plazo.

El producto que ofrece la empresa Nikuq cuenta con un factor diferenciador claro, debido a que es un artículo totalmente nuevo en el mercado colombiano. Adicionalmente, cuenta con el valor agregado por los artesanos, indígenas, desplazados y madres capacitadas en el Sena, que le dan ese toque de originalidad a los productos. Este valor agregado distingue a la empresa de sus competidores, ya que los artículos que produce Nikuq son difíciles de imitar. Igualmente, les están garantizando a sus clientes la exclusividad y la novedad del producto, es decir, convertirse en una empresa que ofrece piezas únicas en el mercado de joyas y accesorios femeninos en Colombia.

14.2.3 Ambiente interno

Nikuq tiene las características de ser una pequeña empresa. Cuenta con siete miembros que están vinculados en el proceso productivo directamente. La cultura organizacional está basada en la confianza y seguridad hacia todos sus colaboradores. La empresa busca construir una identidad, empezando por indicar a su equipo de trabajo cuáles son las normas de funcionamiento y cuáles son las contribuciones que como empleado y como ciudadano cumple dentro de la organización.

Por otra parte, se establecen reuniones periódicas los primeros días de cada mes para determinar cómo se encuentra el clima dentro de la organización. El objetivo principal de estas reuniones es aumentar el compromiso y afianzar lazos entre los colaboradores. Igualmente, se brindan espacios de crecimiento personal y profesional para su personal. Por ser una empresa nueva, el área de marketing está dentro de las funciones de la gerencia. Allí se diseñará, aplicará y evaluará el plan de marketing. Por lo anterior, es necesario conocer todas las variables y entender si este producto tiene un mercado potencial, es decir, que en cuanto a los objetivos de mercados, actualmente ya se tiene parte de la publicidad y el eslogan de la compañía para difundirlo, contando con un previo sondeo que buscaba conocer las tendencias de compra de las mujeres en cuanto a joyería y si les gustaría el producto. Éste se realizó a mujeres de 18 a 60 años, contando de igual forma con una previa investigación de mercados realizada por una compañía española que buscaba descubrir cómo introducir una joyería en Colombia.

14.2.4 Necesidades del mercado

La empresa Nikuq garantiza un producto innovador, con una imagen agradable a todo tipo de público, de la mejor calidad y mejor servicio, precios asequibles, descuentos especiales para los mejores clientes y gran variedad y diversidad de diseños, en cuanto a forma, color, tamaños y texturas. Igualmente se cuenta con una variedad de productos dirigidos principalmente a mujeres entre los 18 y 60 años; debido al grado de diferencia de preferencias entre las mujeres, se crearán diferentes artículos dedicados a todo tipo de gustos y necesidades. El producto tiene un alto componente de responsabilidad social y ambiental. Por esta razón una de las necesidades que este producto satisface, se encontraría en el segundo nivel de la pirámide de Maslow (necesidades de seguridad), ya que al adquirirlo, los compradores sentirán que están contribuyendo con el medio ambiente, para así contribuir con su seguridad ambiental.

Por otra parte, por ser un producto exclusivo, también podría ubicarse en el tercer nivel de la aceptación social. Este producto les dará la sensación de tener algo que nadie más tiene, haciéndolos formar parte de un selecto grupo de personas con características similares, las cuales poseen algo que las hace diferenciarse de las demás, en algún sentido con más poder o superioridad social.

En Bogotá se realiza cada año la muestra artesanal más importante del país: Expoartesanías. Gracias a este evento realizado en Colombia, los empresarios pueden dar a conocer sus joyas, con el fin de fomentar altos estándares de calidad y de comercializar y promocionar sus productos. Es así como se logra resaltar la cultura colombiana, apoyando el crecimiento de su economía y abriendo espacios de reconocimiento a nivel mundial. De esta manera, se puede observar el gran número de oportunidades que se están abriendo para el sector de la joyería colombiana con el fin de crear y fortalecer las empresas ya existentes, incrementar empleos formales, abrir espacios para capacitar a los artesanos y generar una identidad propia de los artículos diseñados y elaborados en el país. Es por esto que la empresa Nikuq percibe la posibilidad de irrumpir en el mercado de la joyería colombiana, con el fin de satisfacer las necesidades de las mujeres de la actualidad y de poder brindar una mejor calidad de vida tanto a los artesanos, como a las mujeres cabeza de familia. Debido a la cantidad de proyectos para fomentar el crecimiento de la industria joyera, Nikuq tiene la oportunidad de ser reconocida inicialmente a nivel nacional por su capacidad de responsabilidad social, ambiental y exclusividad e innovación en sus diseños, resaltando las tradiciones y la cultura colombianas.

14.2.5 Análisis DOFA

- Inversión en investigación y desarrollo
- Agresividad para enfrentar la competencia
- Cercanía a Bogotá
- Ventajas frente a las empresas de joyería
- Capacidad de innovación
- Excelente mano de obra
- Ideas creativas
- Compromiso y motivación
- El producto es resistente al agua
- Entrega a tiempo y segura
- Servicio de atención al cliente personalizado

Fortalezas

- La imagen de la empresa es nueva
- Materia prima de un sólo cultivo de tricópteros
- Gran inversión inicial
- Falta crear plan de contingencia
- Poca experiencia
- Falta de conocimiento en la tecnología aplicada para el desarrollo de las cuentas
- No se puede utilizar la variedad de materias primas que el mercado ofrece, ya que no se adaptan a las condiciones de producción Ejemplo: el plástico flota en el agua

Debilidades

- Aparición de un gran competidor o empresa líder con el mismo producto
- Gran cantidad de producción de joyas artesanales tanto en el sector formal como informal
- Mala imagen antes de conocer el producto, debido a que es un insecto el que lo desarrolló

Amenazas

- Tendencia hacia lo natural
- Mercados en el exterior
- Posible aumento de producción para abastecer una alta demanda
- Ninguna empresa de las que hacen joyas utilizan las cuentas
- Compromisos con clientes y con los mismos empleados

Oportunidades

14.2.6 Puntos críticos del análsis DOFA

Estrategias FO	Estrategias FA
• Realzar las propiedades y cualidades del producto en comparación con las demás joyerías del país.	• Fomentar la investigación y el desarrollo a nivel nacional con el fin de transmitir las propiedades de los insumos naturales utilizados y anticiparse a las necesidades de los clientes y oferta de la competencia.
• Promover accesorios y joyas elaboradas con insumos naturales, en el mercado objetivo.	• Mejoramiento continuo de los procesos con el fin de obtener la certificación de normas ISO y OSHAS 18000.
• Aprovechar la tendencia actual por consumir y utilizar productos naturales.	• Mantener un análisis permanente de los procesos con el fin de identificar anomalías y aplicación de tiempo de trabajo.
• Desarrollar un sistema de entrega óptimo y seguro, por medio del cual se asegure la satisfacción al cliente.	• Mejorar la eficiencia de los trabajadores.
	• Controlar el presupuesto de la empresa.

Estrategias DO	Estrategias DA
• Identificar las necesidades y los requerimientos del cliente, en cuanto a las presentaciones del producto, precios y usos.	• Concentrar la producción de joyas naturales a través de una organización con artesanos colombianos.
• Buscar posibles mercados en el exterior con el fin de incrementar los niveles de producción y ventas.	• Adaptación de la variedad de materias primas a través de la utilización de insumos sustitutos.

14.3 INVESTIGACIÓN DE MERCADOS

14.3.1 Definición del problema

El mayor obstáculo que presenta la empresa Nikuq es el hecho de introducir un producto nuevo en el mercado, como es el caso de las joyas con artesanía natural, sin tener por seguro que dichos artículos vayan a tener un gran nivel de aceptación dentro de la población femenina de la ciudad de Bogotá. En este caso, las personas al desconocer el producto no pueden dar fe de la buena calidad de las joyas, ni del impacto social o ambiental que genera la compra de los accesorios. Adicionalmente, puede que las mujeres asocien este tipo de artículos naturales y artesanales con productos de baja calidad, de poca resistencia y duración, ausentes de materiales finos que no irriten, infecten o produzcan alergias, generando así factores que limitan mucho más su capacidad de compra.

Por otro lado, los costes de introducir los productos en el mercado son muy altos en términos de publicidad, promoción y posicionamiento, debido a que se hace necesario dar a conocer el producto por todos los medios, tanto por Internet como en revistas, eventos comerciales, volantes, voz a voz, entre otros, ya que actualmente los competidores se encuentran posicionados en el mercado, fidelizando clientes actuales y atrayendo nuevos consumidores.

Finalmente, se genera la incertidumbre de saber si en realidad las mujeres están destinando parte de sus ingresos económicos a la adquisición de accesorios como las joyas en su uso diario. Es decir, la empresa no conoce con exactitud el poder de compra de las mujeres y cuáles son las características esenciales a la hora de escoger un accesorio, además de saber si realmente es habitual en ellas el uso de artículos diseñados por artesanos.

Es por esto que los datos recopilados en la investigación le brindarán a la empresa una visión mucho más certera acerca del mercado en el cual están actuando. De esta manera, se podrá adquirir un concepto mucho más amplio sobre el gusto y la preferencia que tienen las mujeres en cuanto a joyería se refiere y la frecuencia y los lugares predilectos para llevar a cabo su compra. Es así como estos factores servirán de pauta para dar a conocer a la empresa Nikuq y evaluar el impacto que generará el lanzamiento de su línea de accesorios en el mercado.

Para dar solución al problema anteriormente descrito, se requiere emplear variables como la edad y el género para determinar la población objeto de estudio. Una categoría para valorar es la de la competencia desde la perspectiva del comprador, ya que Nikuq necesita comparar sus fortalezas y debilidades con sus competidores, para determinar el nivel en el que se encuentra la empresa en cuanto a la capacidad de satisfacer los requerimientos y exigencias de los clientes. Es así cómo la investigación de esta información y el estudio de este tipo de factores permitirá resolver el problema planteado.

14.3.2 Objetivos de investigación

14.3.2.1 Objetivo general

■ Conocer el comportamiento de compra de joyas por parte de las mujeres adolescentes, jóvenes y jóvenes adultas de la ciudad de Bogotá.

14.3.2.2 Objetivos específicos

■ Identificar las características sociodemográficas de las mujeres adolescentes, jóvenes y jóvenes adultas que participan en la investigación de mercados.

■ Determinar el lugar de compra, marcas y atributos preferidos en la decisión de compra de joyas naturales.

■ Conocer la percepción sobre joyas naturales por parte de la población objetivo.

■ Conocer el grado de aceptación de un nuevo producto por parte de las mujeres en la ciudad de Bogotá.

14.3.2.3 Diseño de investigación

La investigación de mercados es de carácter exploratorio y descriptivo. El propósito principal es obtener información de primera mano tanto cualitativa como cuantitativa, respecto a los gustos y las necesidades de la compra de joyas por parte de las mujeres de la ciudad de Bogotá. Por un lado, en el estudio exploratorio se emplearon variables cualitativas y se realizó con el fin de obtener mayor información acerca del estilo de vida, las preferencias, conductas, tendencias y comportamientos de las mujeres a la hora de adquirir sus accesorios. Este tipo de estudio fue necesario para conocer las opiniones de los sujetos de estudio frente a los productos que ofrece la empresa Nikuq.

Por otro lado, el estudio concluyente fue clave en el proceso de identificación y clasificación de los clientes de Nikuq, debido a la consideración de variables cuantitativas de gran relevancia como datos demográficos estadísticos y encuestas. En este caso se empleó un estudio concluyente de tipo descriptivo por medio del cual se evaluó el poder de compra de las mujeres sujetas al estudio y se valoró la oportunidad de entrada de Nikuq al sector joyero colombiano.

El tipo de muestreo empleado en la investigación es probabilístico estratificado. De acuerdo con el DANE los resultados del censo del 2005 para la ciudad de Bogotá presentan la siguiente información:

Género	Número de personas	Participación porcentual (%)
Masculino	3.240.469	48
Femenino	3.538.222	52
Total	6.778.691	100

Censo general, información básica,
DANE Colombia.
Procesado con Redatam+SP, CEPAL/CELADE 2007.

Tabla 14.2. *Distribución por género en la ciudad de Bogotá.*

Edad	Hombre	Mujer
0 a 9 años	606.562	583.416
10 a 19 años	594.004	598.174
20 a 29 años	604.142	657.332
30 a 39 años	504.474	558.762
40 a 49 años	426.111	497.233
50 a 59 años	265.552	318.718
60 a 69 años	143.608	180.409
70 a 79 años	71.837	101.706
80 años o más	24.179	42.472
Total	3.240.469	3.538.222

Censo general, información básica,
DANE Colombia.
Procesado con Redatam+SP, CEPAL/CELADE 2007.

Tabla 14.3. *Distribución por edad según género en la ciudad de Bogotá.*

Con la información obtenida del DANE se dividirá la población femenina en tres grupos, según el rango de edad, de la siguiente manera:

Población	Edad	Mujer
N1 = Adolescentes	10 a 19 años	598.174
N2 = Jóvenes	20 a 29 años	657.332
N3 = Jóvenes adultas	30 a 39 años	558.762
Total		1.814.268

Censo general, información básica,
DANE Colombia.
Procesado con Redatam+SP, CEPAL/CELADE 2007.

Tabla 14.4. Clasificación de la población objetivo según la edad en la ciudad de Bogotá.

Para el cálculo del tamaño muestral se aplicó la siguiente fórmula para población finita:

$$n = \frac{Z^2 * pq * N}{e^2 * (N - 1) + pqZ^2}$$

Con un nivel de confianza del 95% y un error muestral del 8% se determinaron tres muestras, así:

Población	Edad	Mujer
N1 = Adolescentes	10 a 19 años	150
N2 = Jóvenes	20 a 29 años	150
N3 = Jóvenes adultas	30 a 39 años	150
Total		450

Tabla 14.5. Cálculo del tamaño muestral.

La información primaria proviene del contacto directo con el sujeto de estudio, es decir, mujeres adolescentes, jóvenes y jóvenes adultas. La investigación se llevó a cabo por medio de una encuesta autoaplicada diseñada para lograr un mayor conocimiento acerca del comportamiento de compra de mujeres jóvenes y adultas respecto a accesorios de joyería. Lo anterior tiene como objetivo principal conocer los gustos y el estilo de vida de cada una de ellas. El estudio fue realizado durante los meses de octubre y noviembre del 2007 en la ciudad de Bogotá.

De igual manera, se utilizó una técnica proyectiva con el objetivo de conocer la percepción que tienen las mujeres sobre la imagen que refleja Nikuq y, a la vez, tener en cuenta sus opiniones respecto al diseño de las joyas que esta empresa elabora. Para esta técnica fue necesario realizar una prueba de concepto, dando a conocer fotografías de algunos artículos como pendientes y collares y de igual manera se incluyó una imagen con el logo y el nombre de la empresa, para conocer el estilo de vida y la personalidad de las mujeres que emplean este tipo de joyas.

14.3.2.4 Análisis de resultados

Una vez aplicada la encuesta a 450 mujeres adolescentes, jóvenes y jóvenes adultas se pasó a procesar la información y sistematizarla en una sábana de datos. Para la interpretación de resultados se aplicaron dos tipos de análisis: univariado y bivariado. Como se puede observar en la tabla 14.6, de un total de 450 mujeres encuestadas, el 54% son solteras, el 30% casadas, el 11% son divorciadas y un 4% conviven en pareja. El 57% de las mujeres encuestadas son estudiantes, el 31% son empleadas y el 22% son trabajadoras independientes.

Estado civil	Número de personas	Participación porcentual (%)
Soltera	245	54
Casada	136	30
En pareja	18	4
Divorciada	51	11
Otro	0	0
Total	450	100

Tabla 14.6. Estado civil de las personas encuestadas.

En el gráfico 14.3 se observa que la población objetivo tiene un concepto diferente en lo concerniente a una joya. Cuando se les preguntó sobre su percepción, las mujeres encuestadas señalaron en su mayoría que una joya es un accesorio, según el 59% en las jóvenes y el 57% en las jóvenes adultas. Mientras que un 76% de las adolescentes coincidieron en que una joya es un bien de lujo.

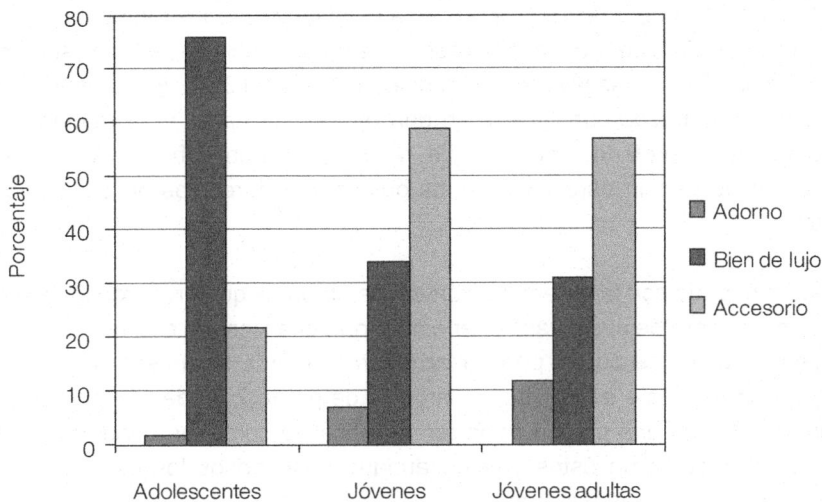

Gráfico 14.3. *Percepción sobre el concepto de joya.*

Como se puede apreciar en el gráfico 14.4, el lugar de preferencia para comprar joyas son las tiendas especializadas. Aún se conserva la adquisición de joyas y accesorios a vendedores particulares, que son referenciados por amigos o familiares. En cuando a la venta por catálogo, sólo el 17% de adolescentes lo utilizan.

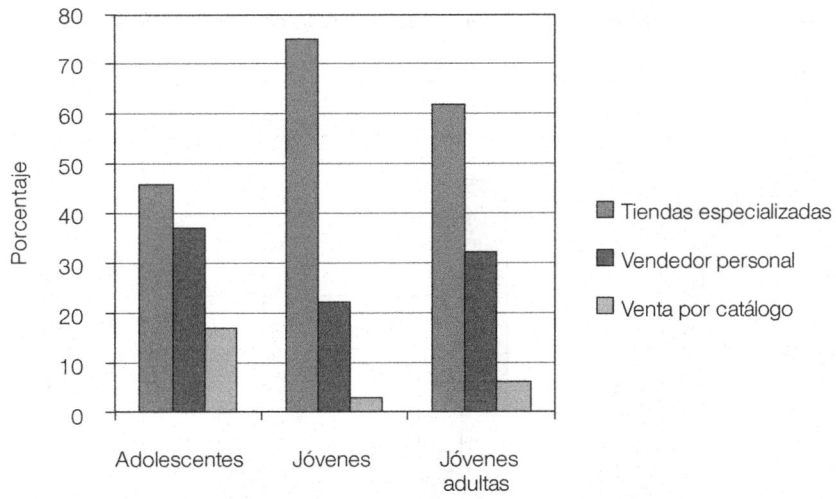

Gráfico 14.4. *Lugar de compra preferido por las encuestadas.*

La tabla 14.7 demuestra que la marca es el factor menos relevante a la hora de comprar una joya. El factor de mayor importancia para el 38% de las adolescentes es la calidad, para un 37% de las jóvenes es el diseño y para un 39% de las jóvenes adultas es la calidad. Esto puede constituirse en una oportunidad para el posicionamiento de Nikuq como marca preferida, puesto que requiere de una exhaustiva aplicación de técnicas de investigación para conocer los gustos y preferencias en cada uno de los segmentos.

Continuando con la determinación de los atributos que prefieren las mujeres en el proceso de compra de sus joyas, se encontró que el accesorio que más compran son los pendientes, como se puede percibir en el gráfico 14.5. Lo anterior representa una gran ventaja, ya que éste es el principal artículo de producción de la empresa. Aunque los collares no tienen una participación tan significativa como los pendientes, no cabe destacar la producción de éstos ya que aunque sean pocos los que se venden, la rentabilidad que le generan a la empresa es significativa.

Factor	Adolescentes	Participación porcentual (%)	Jóvenes	Participación porcentual (%)	Jóvenes adultas	Participación porcentual (%)
Precio	156	35	152	34	146	32
Calidad	170	38	123	27	176	39
Marca	23	5	8	2	12	3
Diseño	101	22	167	37	116	26
Total	450	100	450	100	450	100

Tabla 14.7. *Factores que inciden en la decisión de compra de una joya.*

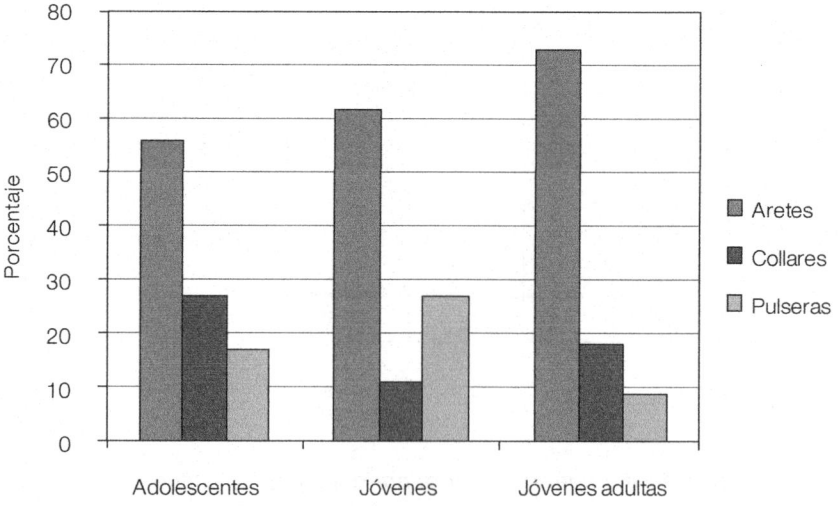

Gráfico 14.5. *Producto preferido por las encuestadas.*

En cuanto a las pulseras, tan sólo el 27% de las jóvenes las tienen como pieza favorita de compra, por esta razón se podría considerar la producción de éstas únicamente bajo pedido. Las adolescentes, jóvenes y jóvenes adultas coinciden en preferir pendientes, seguido de collares y finalmente pulseras.

En cuanto al material preferido para el diseño de la pieza, las adolescentes y jóvenes comparten los gustos por las semillas y elementos naturales. Para las jóvenes adultas, su preferencia cambia hacia piezas de plata y con piedras preciosas, como se evidencia en el gráfico 14.6.

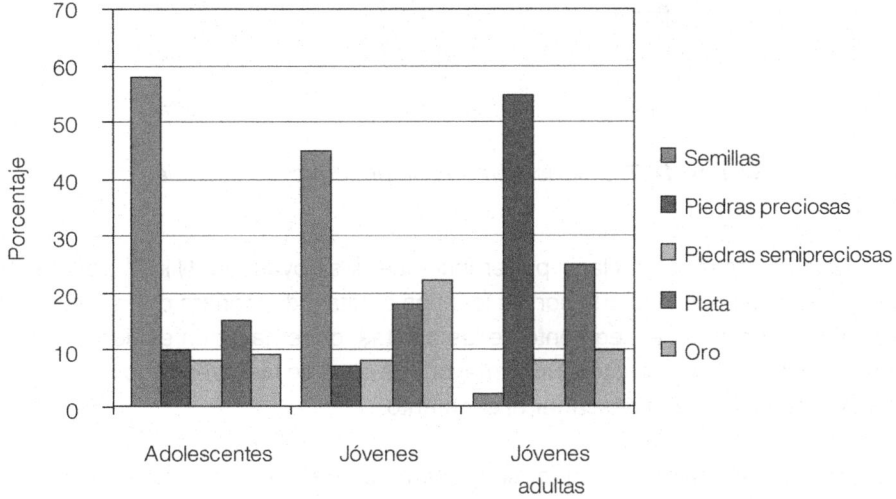

Gráfico 14.6. *Material preferido para el diseño de la pieza.*

La información anterior le brinda una oportunidad a Nikuq de acercarse a los gustos de cada uno de sus segmentos, permitiéndole seleccionar de mejor manera los materiales para la construcción tanto de la cuenta como de la joya en su totalidad.

Antes de realizar la prueba de concepto se preguntó a las encuestadas si compran joyas fabricadas por artesanos colombianos. Acto seguido, se realizó la prueba concepto y se les preguntó si estarían dispuestas a comprar las joyas de Nikuq.

Como lo demuestra el gráfico 14.7, el 55% de las adolescentes y jóvenes estarían dispuestas a comprar joyas artesanales, mientras que el 45% no lo harían. Por otro lado, un 43% de las jóvenes adultas no están interesadas en comprar joyas elaboradas con elementos naturales.

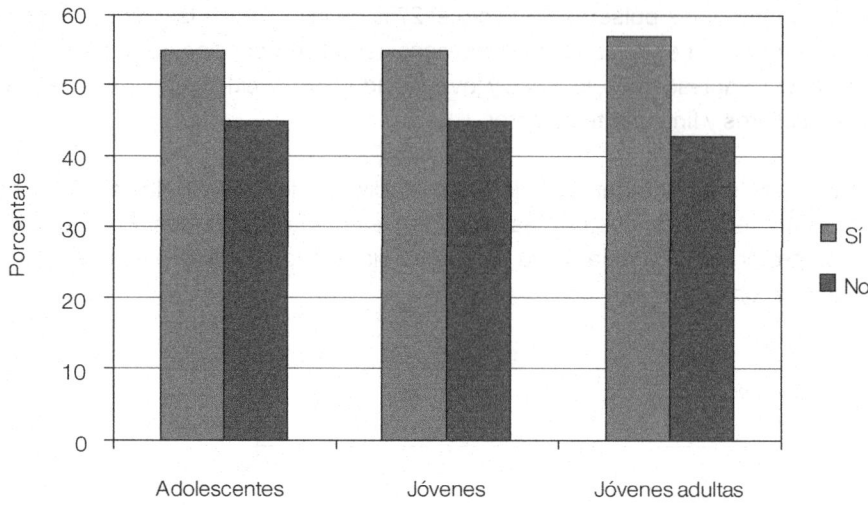

Gráfico 14.7. Disposición de compra de joyas naturales.

Esto muestra una clara preferencia de las joyas de Nikuq por parte de adolescentes y jóvenes más que por las jóvenes adultas; de manera que si la compañía quiere entrar también en el segmento de las adultas, debe hacer un esfuerzo comercial y de conocimiento del segmento mucho mayor que en el de las jóvenes, lo cual no quiere decir que la empresa deba descartar el segmento.

Para la prueba de concepto, se presentaron tres muestras correspondientes a pendientes, collares y pulseras. Se preguntó sobre las características de los productos, si eran de su preferencia o no. El 62% de las adolescentes lo consideraron novedoso y atractivo, el 58% de las jóvenes señalaron que el material con el cual era elaborado era único y exclusivo. Las jóvenes adultas, que no están interesadas en joyas naturales, comentaron que les parecía interesante la propuesta.

14.4 SEGMENTACIÓN DE MERCADOS

14.4.1 Estrategia de segmentación

Para iniciar el ciclo de vida del producto es necesario considerar que no sólo el proceso productivo, los costes y la rentabilidad son importantes, para la empresa Nikuq es relevante especializarse en un fragmento del mercado cautivo. Pero para realizarlo, es indispensable definir el nivel de segmentación adecuada de acuerdo con las características del mercado de la empresa. En primer lugar, el segmento que se escogió demuestra necesidades diversas como las de las mujeres. De acuerdo con los resultados obtenidos por la investigación de mercados, se concluye que hay dos mercados objetivo: las mujeres adolescentes y jóvenes de la ciudad de Bogotá. Estos dos grupos reflejan a mujeres que tienen diversos estilos de vida, con lo cual la empresa diseñó dos ofertas para cada uno: la línea formal y la línea informal, tratando de suplir las necesidades de las mismas, para que así las mujeres no se sientan comprando lo mismo. Igualmente, dentro de ésta existe una correlación con la estrategia de micromarketing que facilita la creación de joyas sobre pedido. Cada compradora tendrá un modelo único, con la garantía de que ningún diseño será divulgado y por sus características de creación tampoco podrá ser imitado.

La estrategia que la empresa adoptará es la diferenciada, pues según la descripción, hace referencia a que cada grupo es diferente, con gustos diversos entre ellos, teniendo la empresa la capacidad para abarcar dos grupos específicos. De igual manera, como se ha dicho anteriormente, una de sus ventajas competitivas es la mano de obra y la diferenciación de cada pieza.

14.4.2 Perfil del segmento

Mujeres adolescentes y jóvenes, estudiantes y empleadas que tienen entre 14 y 30 años que se encuentren en la ciudad de Bogotá. Sus motivos de compra son: precio, calidad y diseño. Son mujeres que buscan la exclusividad en cada pieza que acompaña su indumentaria, están pendientes de la moda y son compradoras conscientes con responsabilidad por el ambiente. Prefieren los centros comerciales y tiendas especializadas, disfrutan de la televisión e Internet, y son sensibles con su entorno. Según la investigación de mercados, el producto se percibe como elegante, diseñado para una mujer práctica, juvenil, moderna y sencilla. Gran parte de las mujeres perciben el producto como atractivo, sin embargo, le haría falta algo más para que la compra fuera efectiva y gustara a la mayoría de mujeres.

14.4.3 Mercados objetivo

Adolescentes (entre 14 y 19 años): son mujeres que están explorando su identidad. Buscan fortalecer su carácter a través de sus relaciones interpersonales y adquisición de nuevas expresiones. Los grupos de referencia que más influyen son los amigos. Prefieren el uso de las tecnologías de información a la lectura. Les gusta los artículos sencillos y naturales. No son leales a las marcas, les gustan experimentar con nuevos productos que salen al mercado.

Jóvenes (entre 20 y 30 años): similar a las adolescentes son mujeres que buscan productos novedosos, les gusta variar de artículos siguiendo las tendencias de la moda. Ya comienzan a asumir responsabilidades familiares y profesionales. Se preocupan por el cuidado de su salud y de su figura. Los grupos de referencia que más influyen son la familia y la pareja. Son arriesgadas en sus decisiones. Buscan comprometerse rápidamente en el plano profesional y personal. Disfrutan de la publicidad agresiva, son fieles visitantes de centros comerciales e invierten sus ingresos en gastos personales.

14.5 POSICIONAMIENTO

14.5.1 Ventaja competitiva

Las joyas son un mercado muy saturado debido a la presencia de vendedores ambulantes en la ciudad de Bogotá. Actualmente, existen diversos almacenes que fabrican collares con piedras preciosas y son únicos; también existen diversos almacenes con otros materiales más económicos, pero que generan estatus a la hora de comprarlos. La empresa Nikuq ofrece un producto resistente al agua, debido a que es un pegamento natural desarrollado por el insumo natural. Exclusividad en el diseño, ya que ninguna mujer tendrá este diseño. Aunque las piedras tengan el mismo tono, no tienen la misma forma, además el artesano no fabrica modelos iguales. Se puede crear un estilo exclusivo y diseño único de cada pieza.

14.5.2 Estrategia de posicionamiento

Se determinará una estrategia encaminada al usuario debido a las características del producto, y con el paso del tiempo se conocerá exactamente qué mujeres lo adquieren y si la estrategia implementada fue la adecuada, empezando por que el mensaje que se va a enviar hace referencia a las características dadas en las encuestas del producto. Una de las tácticas de la estrategia de posicionamiento es promover las características del producto, sus ventajas competitivas y el tipo de elementos naturales que se utilizarán para su elaboración. Resulta evidente que estas joyas propician una compra por impulso, sin embargo, se hace necesario incluir diseños acordes con las exigencias y los materiales de los compradores potenciales.

14.5.3 Declaración de posicionamiento

Para mujeres adolescentes y jóvenes que buscan un estilo propio, la joya artesanal Nikuq proporciona exclusividad, creación de sus piezas y resistencia del producto. A diferencia de la competencia Nikuq tiene el capital humano capacitado para garantizarle calidad, durabilidad y cumplimiento en el producto entregado.

14.6 MARKETING MIX

14.6.1 Estrategia de producto

Nikuq ofrece tres clases de productos, los cuales se dividen en dos líneas: informal y de lujo. Su principal producto son los pendientes, los cuales dentro de la línea informal se elaboran con cuentas construidas con piedras semipreciosas como: aguamarina, alejandrita, amazonita, ankerita, apatito, azabache, granate, jade, ojo de tigre, ojo de buey, piedra de la luna, etc., y los broches, ganchos y herrajes son de fantasía como se observa en la foto 1.

A diferencia de la línea de lujo, las cuentas son construidas con piedras preciosas como: amatista, ámbar, ágata, azabache, cuarzo blanco, cuarzo rosa, cuarzo transparente, diamante, esmeralda, ópalo, rubí, topacio, turquesa, zafiro, etc. Los broches, ganchos y herrajes son de oro amarillo, oro blanco y plata, de acuerdo con la foto 2.

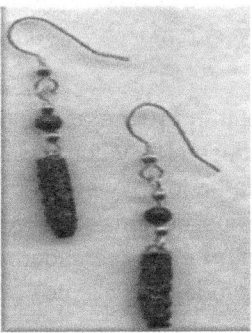   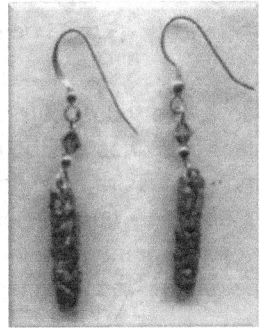

Foto 1. Pendientes   *Foto 2.* Pendientes
línea informal. [17]   línea de lujo. [18]

---

17 Nature Crafted Jewelry by Wild Scape Inc. pendientes (en línea). Disponible en: http://www.wildscape. com/index. php?cPath=23 (citado el 14 de octubre de 2007).

18 *Ibíd.*

No se puede determinar el color del producto, ya que será muy variado, debido a que es un elemento creado por la naturaleza y por ello ninguno se parece entre sí.

Las pulseras de la línea informal también se encuentran elaboradas con piedras semipreciosas, y los broches, ganchos y herrajes son de fantasía como se percibe en la foto 3; las pulseras de la línea de lujo al igual que los pendientes se hacen con piedras preciosas, y los broches, ganchos y herrajes son de oro amarillo, oro blanco y plata, de acuerdo con la foto 4.

Finalmente, los collares de la línea informal también se encuentran elaborados con piedras semipreciosas, y los broches, ganchos y herrajes son de fantasía como se puede observar en la foto 5. Los collares de la línea de lujo, al igual que los pendientes, son elaborados con piedras preciosas, y los broches, ganchos y herrajes son de oro amarillo, oro blanco y plata, de acuerdo con la foto 6.

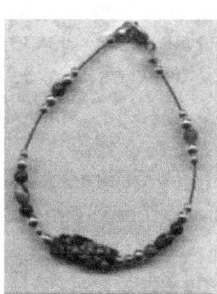  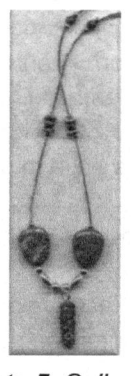 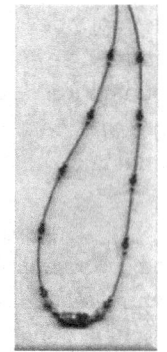

Foto 3. *Pulsera línea informal.*[19]   **Foto 4.** *Pulsera línea de lujo.*[20]   **Foto 5.** *Collares línea informal.*[21]   **Foto 6.** *Collares línea de lujo.* [22]

Debido a que todos los productos se encuentran en la etapa introductoria, la empresa contará con unos gastos de investigación, desarrollo y comercialización muy elevados, como se muestra en el gráfico 14.8. Considerando un eventual incremento en las ventas, la empresa durante los dos primeros años de funcionamiento generará pérdidas, por esto es importante que a la hora de entrar en el mercado, Nikuq planee generar una estrategia de presentación que impacte a todos sus clientes potenciales.

19   Nature Crafted Jewelry by Wild Scape Inc. Pendientes (en línea). Disponible en: http:// www.wildscape. com/index. php?cPath=23 (citado el 14 de octubre de 2007).

20   *Ibíd.*

21   *Op. cit.*

22   Nature Crafted Jewelry by Wild Scape Inc. Pendientes (en línea). Disponible en: http:// www.wildscape. com/index. php?cPath=23 (citado el 14 de octubre de 2007).

Figura 14.7. Matriz DOFA de los productos.

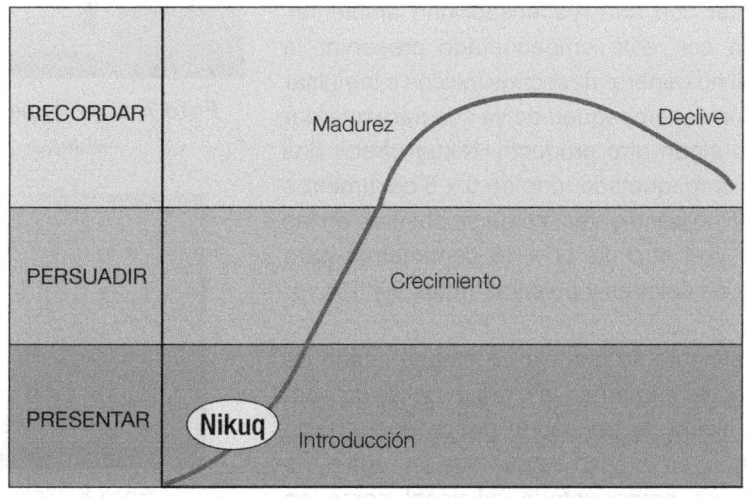

Gráfico 14.8. Ciclo de vida del producto.

14.6.1.1 Marca y empaquetado

El logo de Nikuq representa un producto elaborado por la naturaleza junto con las manos de los artesanos, fue desarrollado de la siguiente manera: la mariposa representa al protagonista del producto. La letra (I) se remplazó por un capullo, el cual es la base de la joya. La gama de los colores tierra fueron los escogidos y la letra seleccionada es tipo indígena, la cual va de acuerdo con el nombre, que aunque no representa a ninguna tribu indígena, sí fue pensado como tal.

La marca de Nikuq (figura 14.8) es una marca del fabricante mixta, ya que se crea por la empresa para identificar sus propios productos y es nominativa y figurativa; es una marca que está integrada por letras, que constituyen un conjunto legible y pronunciable (Nikuq) y de igual manera está compuesta de una figura (la mariposa y el capullo).

Figura 14.8. *Marca del fabricante.*

Para empaquetar sus joyas, Nikuq buscó la alternativa que más representara a su producto frente a la primera impresión del cliente y le brindara la protección adecuada. Por esta razón se escogió un empaquetado de madera con la imagen de Nikuq pirograbada, el cual muestra la elegancia, innovación y autenticidad de cada uno de los productos. Por otro lado, al contar con una responsabilidad ambiental, Nikuq busca con este empaquetado preservar la naturaleza al no generar desechos tóxicos e impulsar la reutilización del empaquetado ya sea para guardar más joyas o algún otro producto. Nikuq ofrece dos tamaños de empaquetado, uno de 5 x 5 centímetros para guardar los pendientes, como se observa en las fotos 7 y 8, y el otro de 11 x 18 centímetros para empaquetar los collares y pulseras (fotos 9 y 10).

Finalmente se maneja un empaquetado de papel, el cual tiene impreso la imagen de Nikuq para facilitarle al cliente el transporte del producto hacia su hogar y que, en el caso de que sea un regalo, no necesite de un empaquetado adicional como se demuestra en la foto 11.

Foto 7. *Caja de pendientes abierta.*

Foto 8. *Caja de pendientes cerrada.*

Foto 9. *Caja de collares abierta.*   **Foto 10.** *Caja de collares cerrada.*   **Foto 11.** *Empaquetado de papel.*

14.6.2 Estrategia de precio

- **Factores internos.** Los productos que ofrece Nikuq dependen totalmente de tres factores:

  - La mano de obra es el determinante principal de la calidad y la cantidad de la producción de cuentas; la base principal de la joya, por esta razón, es uno de los principales factores internos que afectan el precio, debido a que a mejor producción de cuentas, mejor precio se le puede ofrecer al cliente.

  - La mano de obra de los artesanos, por el hecho de ser éste el segundo mayor coste de producción, afecta el precio de manera directa. Nikuq debe buscar el número óptimo de empleados que pueda satisfacer la demanda de la empresa generándole la mayor rentabilidad.

  - Un tercer factor como el coste de los servicios públicos y el alquiler, aunque en un principio influyen en la rentabilidad, en un caso extremo podrían llegar a afectar directamente el precio.

- **Factores externos.** Las condiciones económicas del país, por el hecho de ser bien de lujo, la compañía estaría obligada a disminuir el precio de su producto, en situaciones económicas adversas. Adicionalmente inciden otros factores que no son controlables por la empresa como:

- Una subida del dólar. Aunque Colombia tiene muchas riquezas en minerales, en el resto del mundo existe una gran variedad de piedras preciosas y semipreciosas que no se producen en el país, por esta razón Nikuq importa este tipo de piedras que, frente a un incremento del dólar, afectarían directamente el precio del producto.

- Las temporadas como el mes de la madre y diciembre le permiten a Nikuq variar su precio ya que esta joya es un regalo adecuado para este tipo de ocasiones.

- **Estrategia de fijación de precios.** Se aplicará una estrategia de precios de prestigio psicológico, ya que para este tipo de productos el precio es una señal de calidad, prestigio y exclusividad, buscando que sus clientes tomen la decisión de compra por motivos más emocionales que racionales.

- **Precios de venta.** En el siguiente cuadro se presentan los precios asignados para cada línea de productos:

Producto	Línea de Lujo	Línea informal
Pendientes	$100.000	$60.000
Collares	$120.000	$90.000
Pulseras	$80.000	$40.000

Tabla 14.8. Precio de venta de los accesorios Nikuq.

14.6.3 Estrategia de distribución

Nikuq maneja dos tipos de canales que se encuentran ubicados en el primero y en el segundo nivel de los canales de distribución. El primer nivel está representado por el método de venta directa, de la empresa al usuario final. El catálogo de productos aparecerá en una página *web* especializada en el tema. Allí se posibilitará el comercio electrónico con el cliente final. El segundo nivel lo compone la empresa Nikuq, que ofrece sus productos hacia minoristas, y a través de ellos se comercializarán las joyas a1 usuario final. Esta última opción permite al comprador tener diferentes alternativas para acceder a los productos que ofrece Nikuq. La anchura del canal es selectiva, ya que se utilizarán algunas tiendas especializadas de carácter exclusivo en la ciudad de Bogotá. Las joyas deben ser solicitadas con 30 días de anticipación y se entregarán en la sede principal de la tienda especializada que las solicitó. Las cuentas se venden con un crédito de 90 días y un descuento por pronto pago del 2% en los diez primeros días.

En las figuras 14.9 y 14.10 se explica el funcionamiento de los dos niveles de distribución:

Figura 14.9. Nivel 1 de distribución.

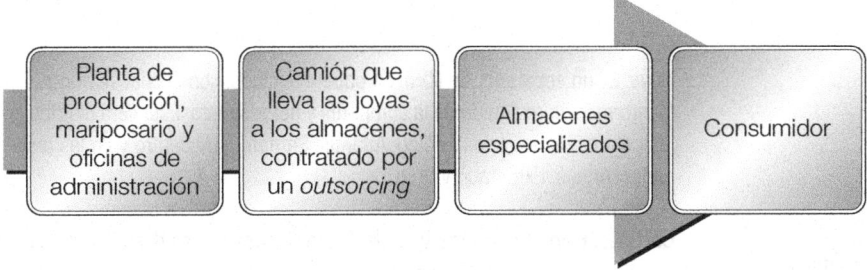

Figura 14.10. Nivel 2 de distribución.

14.6.4 Estrategia de comunicación

14.6.4.1 Plan de publicidad

14.6.4.1.1 Objetivos

- Dar a conocer las características de la empresa, integrando dos elementos claves: la sencillez y la naturaleza.

- Posicionar el producto en las mentes de los consumidores, creando un mensaje efectivo o eslogan de la compañía que despierte el interés y la atención de la población objetivo.

- Dar a conocer el producto por medio de las Páginas Amarillas.

- Crear un espacio de opinión en Internet.

- Vincular la empresa con Colciencias, la CAR y Artesanías de Colombia que quieran hacer parte de este nuevo proyecto, para ser lanzado no sólo como un producto sino como una campaña para la conservación del medio ambiente.

14.6.4.1.2 Audiencia potencial

El público objetivo son mujeres adolescentes y jóvenes compradoras de accesorios y joyas por Internet.

14.6.4.1.3 Plan de medios

Medios no tradicionales	*Flyer.* Es un separador de libro, en papel reciclado, con el cual se brindará toda la información resumida de la compañía y del producto. Éste será distribuido en los centros comerciales Andino, Atlantis, Santafé y Unicentro y en las universidades: Andes, Externado y CESA. **Carteles.** Éstos se localizarán en las exposiciones que se describirán en el plan de relaciones públicas y en la página *web*. **Empaquetados.** Estos empaquetados serán entregados por personas de la compañía, que harán un recorrido dentro de los centros comerciales, en donde también se repartan los *flyers,* de manera que se logre generar expectativa entre los prospectos de consumidores y se alcance a captar mayor número de personas del centro comercial.
Medios tradicionales	**Revistas.** Se publicitará para el mes de las madres en revistas de mayor lecturabilidad como: *ALÓ, Fucsia, Vanidades, Jet Set* y *Caras*. **Páginas Amarillas.** Vincular la compañía a este medio, para que también sea reconocido en el 113 y así brindar información sobre la localización geográfica de la planta de la compañía. **Internet.** Crear un grupo en Facebook de Nikuq para que las personas opinen abiertamente y se construya una comunidad virtual de la compañía.

14.6.4.1.4 Representación de la campaña publicitaria

La estrategia que se quiere llevar a cabo, consiste en establecer una publicidad motivacional y racional que evoque los sentimientos y emociones brindando la información de los productos. En cuanto a la parte motivacional, se tienen varios aspectos en cuenta. Mientras que respecto a los sentimientos se quiere reflejar la felicidad con fotografías de mujeres sonrientes y la ternura para la época del Día de la Madre.

En cuanto a las emociones, se quiere reflejar la sencillez de la mujer mostrando un rostro con poco maquillaje y los hombros descubiertos, de manera que se haga referencia a la belleza natural para que así las mujeres se sientan identificadas con una mujer real y no con un modelo simbólico. Otra emoción es la ayuda, con la cual se dará a conocer un producto que no sólo resalta la belleza de la mujer, sino que contribuye con el medio ambiente y con las personas más necesitadas. La última y más importante emoción, es despertar gusto por la joya, dando a conocer que éstas son exclusivas y que pueden ser diseñadas por ellas mismas.

Respecto a la parte racional, se brindará la información del producto y de cómo conseguirlo. Ésta busca ser difundida por personas de la compañía que con su vestuario hacen referencia a un tipo de atuendo con el que se pueden usar estas joyas, reflejando mujeres con elegancia y sencillez. Estas mujeres serán las encargadas de repartir los *flyers* y de llevar las bolsas por los centros comerciales, para esto es necesario solicitar autorización al centro comercial. La idea es crear una alianza con Artesanías de Colombia, Colciencias y la CAR, para que el momento de realizar publicidad en los centros comerciales, lo vean como un proyecto ecológico, más que como un producto de joyas, porque significaría competencia para los locales de los centros comerciales.

En cuanto a la revista, se buscó aquella que tuviese el mayor número de lectoras, que aborde temas variados y que esté acorde con la temática de Nikuq. De esta manera se escogió a la revista ALÓ en la que se pautará para el mes de mayo, en página impar, a color, con tamaño de un cuarto de hoja, un apartado que haga alusión al Día de la Madre y en la cual se puedan ofertar promociones de corto plazo.

A continuación se ilustran los diseños publicitarios propuestos para el plan de marketing:

Figura 14.11. Carteles.

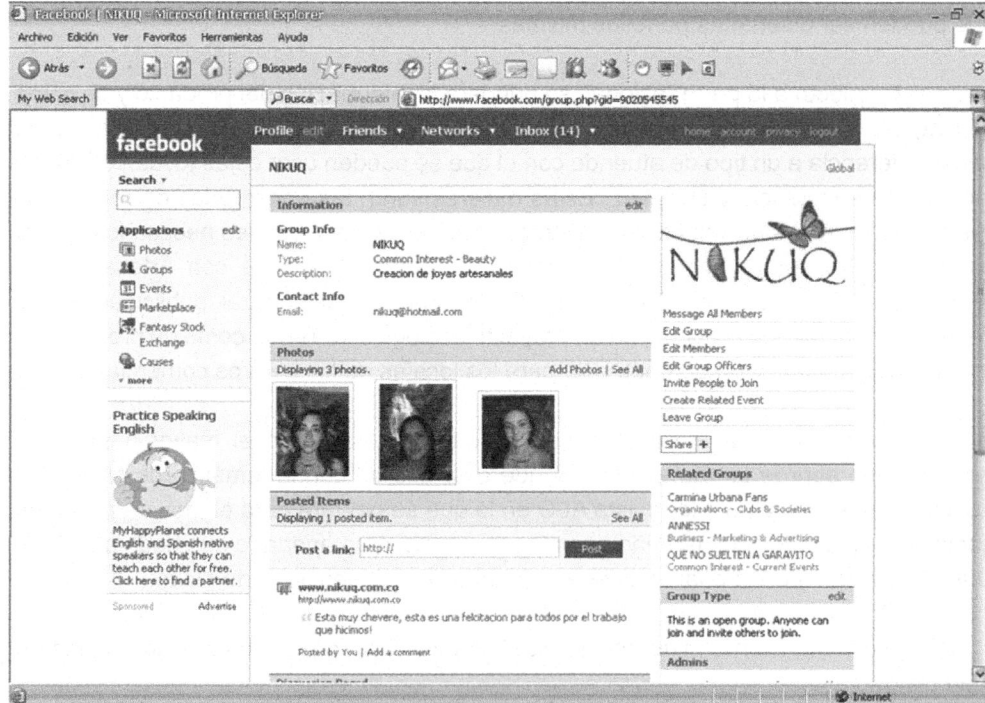

Figura 14.12. Nikuq en Facebook.

Figura 14.13. Empaquetados.

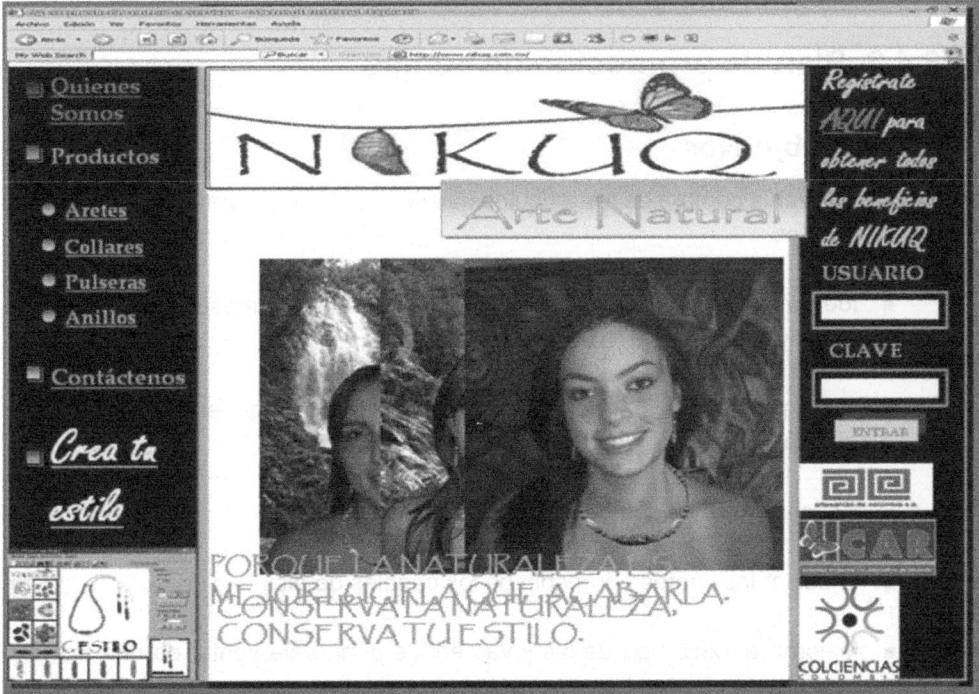

Figura 14.14. Diseño de la página web.

14.6.4.1.5 Presupuesto del plan de publicidad (en miles de pesos colombianos

Descripción	Ene.	Feb.	Mar.	Abril	Mayo	Jun.	Jul.	Agos.	Sep.	Oct.	Nov.	Dic.	Año 2008
Flyers	900					900							1.800
Carteles	160												160
Empaquetados	100												100
Autorización del personal (día)	1.000												1.000
Revistas					15.000								15.000
Páginas Amarillas	2.074												2.074
Facebook													
Total	4.234	0	0	0	15.000	900	0	0	0	0	0	0	20.134

14.6.4.2 Plan de promoción de ventas

14.6.4.2.1 Objetivos

- Motivar la compra de los artículos que ofrece Nikuq por parte de los posibles clientes.

- Idear nuevas herramientas promocionales cada dos meses, generando así un mayor impacto en la mente de los clientes finales.

- Crear promociones atractivas a los clientes, que no generen pérdidas para la empresa.

- Conseguir mayor liquidez para Nikuq a corto plazo.

- Impulsar las ventas por medio de los canales de distribución.

- Mejorar la exhibición de las joyas en los puntos de venta, de una manera más creativa y atractiva a la vista de los clientes.

- Generar un grado de preferencia por Nikuq superior al de la competencia.

14.6.4.2.2 Herramientas promocionales para el consumidor

- **Vales de descuento:** la empresa realizará descuentos en fechas especiales
  como el Día de la Madre. En el mes de mayo se brindará un descuento del
  10% sobre el valor de los conjuntos de productos, los cuales contendrán
  mínimo dos tipos de joyas. De esta manera, los clientes podrán entrar a la
  página *web* y diseñarán la combinación de joyas a su gusto. Éstas podrán
  ser: collar y pendientes; pendientes y anillo; collar, pendientes y pulsera,
  entre otros. Cada diseño será exclusivo y estará marcado con su nombre y
  su código personal. Finalmente, los clientes podrán reclamar sus descuentos
  en cualquiera de los puntos de venta de la empresa, bien sea Falabella o
  Artesanías de Colombia y así adquirir sus productos, proporcionando tan
  sólo su nombre y el código. Para el cálculo del coste de este descuento, se
  presume que el 50% de las ventas que se realicen en el mes de mayo se
  harán con el descuento del 10%, lo que le representa a la empresa un valor
  de 9.235.000 dólares.

  En la figura 14.15 se presenta la representación de la campaña promocional
  para este tipo de herramienta.

Figura 14.15. *Vale de descuento.*

- *Regalos:* en el mes de cumpleaños de los clientes, Nikuq regalará un Splash (agua de perfume) pequeño a los clientes que se hayan registrado en su página *web*. El registro recoge información sobre las siguientes variables: nombre y apellido completo, fecha de nacimiento, dirección, teléfono, ciudad y correo electrónico; y a cambio recibirán un código de identificación. El regalo se les enviará al hogar junto con la joya que diseñaron por Internet. Sin embargo, si compraron la joya directamente en el almacén, ahí se les entregará su regalo a la vez, tan sólo diciendo su nombre, fecha de cumpleaños y su código.

- **Precios de paquete:** se realizarán diferentes combinaciones de dos productos como collar y pulsera, collar y pendientes, collar y anillo, etc., y combinaciones de tres productos como collar, pendientes y pulsera. Dependiendo de cómo se elabore el paquete, se ofrecerán descuentos del 8%. Las ventas en paquetes se pronostican en un 10% de las ventas del mes.

- **Envío gratis:** la empresa enviará gratis los productos a los hogares de los clientes ubicados en la ciudad de Bogotá. Si la residencia se localiza en otras ciudades, la empresa enviará el pedido y el valor del envío será asumido por el cliente.

14.6.4.2.3 Herramientas promocionales para el distribuidor

- **Regalos:** a los gerentes de Falabella y de Artesanías de Colombia se les regalará un separador de libro elaborado con papel reciclable a 500 dólares cada uno e igualmente se les otorgará un lote de mercancía de 60.000 dólares a cada uno.

- **Descuentos:** se espera que los distribuidores sean el 60% de las ventas de Nikuq. Se les dará un 20% sobre el valor comercial del producto, para que lo manejen como su margen de rentabilidad. Los demás descuentos se manejan dentro de la promoción de ventas.

14.6.4.2.4 Presupuesto del plan de promoción de ventas (en miles de pesos colombianos)

Descripción	Ene.	Feb.	Mar.	Abril	Mayo	Jun.	Jul.	Agos.	Sep.	Oct.	Nov.	Dic.	Año 2008
Descuentos a distribuidores	103	103	103	103	103	221	103	103	103	103	103	221	1.472
Descuentos Día de la Madre					923								923
Descuentos combos	68	68	68	68	68	147	68	68	68	68	68	147	974
Descuento día de cumpleaños	13	13	13	13	13	13	132	132	132	132	132	284	1.022
Total	184	184	184	184	1.107	381	303	303	303	303	303	652	4.391

14.6.4.3 Plan de relaciones públicas

14.6.4.3.1 Objetivos

Construir y mantener una imagen positiva de Nikuq en la mente de los empleados, los consumidores y los distribuidores.

14.6.4.3.2 Herramientas de las RRPP

- **Artículo en el periódico.** Se llevará a cabo un publirreportaje en el periódico *El Tiempo*, con el cual se espera que se desarrolle un artículo en donde se muestren las características de funcionamiento de la empresa y el proceso de producción que ésta desarrolla. De esta manera, se espera que los lectores reconozcan que el producto que vende Nikuq está elaborado con una carga muy alta de responsabilidad social y ambiental. Este publirreportaje se realizará, antes del Día de la Madre, para que junto con las promociones mencionadas anteriormente se pueda generar un alto volumen de ventas en este mes. El publirreportaje tiene un coste de 13.166 dólares con un descuento del 30% para Pymes a blanco y negro y de circulación en Bogotá.

- *Boletines internos.* Se desarrollará trimestralmente un boletín de circulación interna, en el cual se les muestre a los empleados los avances que ha ido teniendo la empresa y las proyecciones de los objetivos para el futuro. De igual manera, se mostrarán las tendencias en cuanto a la moda de las joyas y se publicaran artículos sobre cursos de joyería y bisutería que les permitan a los empleados crecer en el sentido profesional, con este boletín se espera crear un sentido de pertenencia de éstos a la empresa. Igualmente, en este boletín se mostrará un artículo sobre el empleado del mes, destacando sus cualidades y las razones por las cuales ocupa ese lugar, esperando que todos los trabajadores deseen ocupar este puesto y se esfuercen al máximo para cumplir los objetivos propuestos. Se emitirán tantos boletines como empleados y socios tenga la empresa y se espera que para el 2008 ésta cuente con diez empleados incluyendo a los socios.

- **Presentación audiovisual.** Se desarrollará una presentación audiovisual dirigida a nuestros distribuidores en el que se mostrará el proceso de producción con fotografías y vídeos. Con esta presentación se espera que nuestros distribuidores comprendan el proceso de producción de los productos de Nikuq e identifiquen las cualidades de calidad, seriedad y orden que se manejan dentro de la empresa.

- **Lobbying.** Se realizarán desayunos mensualmente con los clientes importantes como Falabella y Artesanías de Colombia, en los cuales se les mostrará el portfolio de productos nuevos que se desarrollan cada mes dentro de la empresa, esperando construir una relación amistosa con estas personas.

- **Ferias.** Nikuq participará en tres ferias durante el año: Feria de las colonias, Expoartesanías y la Feria Internacional de Bogotá.

14.6.4.3.3 Presupuesto del plan de relaciones públicas (en miles de pesos colombianos)

Descripción	Ene.	Feb.	Mar.	Abril	Mayo	Jun.	Jul.	Agos.	Sep.	Oct.	Nov.	Dic.	Año 2008
Publirreportaje					9.216								9.216
Boletines internos	5						5						10
Presentación audiovisual													0
Lobbying	200	200	200	200	200	200	200	200	200	200	200	200	2.400
Ferias						551			749			537	1.837
Total	205	200	200	200	9.416	751	205	200	949	200	200	737	13.463

14.6.4.4 Plan de ventas personales

14.6.4.4.1 Objetivos

- Establecer una comunicación directa con los clientes actuales y potenciales mediante la fuerza de ventas de la empresa.

- Realizar presentaciones de ventas para relacionar los beneficios que brindan los productos de Nikuq con las necesidades y deseos de los clientes.

- Brindar asesoramiento personalizado.

- Generar relaciones personales a corto y largo plazo con los clientes actuales y potenciales. Todo esto, para lograr situaciones en las que los clientes realizan la compra de los productos que Nikuq les ofrece.

14.6.4.4.2 Políticas de ventas

- **Territorios.** Las ventas en la ciudad de Bogotá se realizarán por medio de las tiendas Artesanías de Colombia y Falabella. También se empleará la página *web* de la empresa como sistema de ventas directas, la cual se espera que sea utilizada a nivel nacional.

- **Precios.** Se manejarán dos tablas de precios: una para ventas directas y otra para los almacenes distribuidores (tabla 14.9). Los precios de las ventas directas incluyen el envío dentro de la ciudad de Bogotá, a nivel nacional tendrá un recargo que debe cubrir el cliente dependiendo de la ciudad.

Producto	Ventas directas		Distribuidores	
	Línea de lujo	Línea informal	Línea de lujo	Línea informal
Pendientes	100.000	60.000	80.000	48.000
Collares	120.000	80.000	96.000	64.000
Pulseras	80.000	40.000	64.000	32.000

Tabla 14.9. Precios de venta promedio por tipo de producto (pesos colombianos).

- **Medios de pago.** Para los compradores, por medio de la página *web* se les dará la opción de pago con tarjeta de crédito, o consignación en la cuenta de ahorros de la empresa, enviando por fax el certificado de consignación.

- **Garantías.** Se manejará una garantía única de cambio de producto por un año, en caso de deterioro por defecto de fabricación.

- **Seguridad y privacidad de la información.** Por medio del *software* que desarrollará la empresa para la realización de las ventas directas, se le certificará al cliente que los datos que está registrando en él no serán utilizados con otro fin más que para la compra que está haciendo; por otro lado, se escribirán cláusulas de privacidad dentro de los contratos que se firmen con los distribuidores.

14.6.4.4.3 Preventa

Al contar con dos canales de venta, Nikuq debe manejar un proceso de ventas para cada uno de ellos. El proceso de venta directo con los clientes sólo maneja las etapas de encuentro y cierre, éste se hace por medio de la página *web* de la empresa, la cual le permite a Nikuq un contacto directo con el cliente y hacerle un seguimiento al comportamiento de compra del mismo. Se iniciará el proceso de prospección a partir de dos fuentes: referidos y bases de datos.

Para el acercamiento previo se enviará una carta a minoristas como aparece en el siguiente ejemplo:

Bogotá, 16 de enero del 2009

Doctor
Juan Carlos Duarte
Gerente Comercial
Falabella
Estimado señor:

Por medio de la presente, queremos informarle de la existencia de
un nuevo producto en el mercado colombiano. Se trata de joyas
artesanales, elaboradas con capullos de insumos (polillas de agua).
Éstas elaboran sus capullos con piedras preciosas y semipreciosas
y al momento de liberarse, dejan un capullo que posteriormente
será enchapado en oro, plata, entre otros elementos, por artesanos
colombianos, desplazados, indígenas y mujeres cabezas de familia
capacitadas en el SENA.

El producto brindará los siguientes beneficios:

- Exclusividad, en la medida en que cada capullo es
  diferente a otros.
- Resistencia, debido a que los capullos soportan el agua
  y el calor.
- Elegancia y frescura.
- Innovación y originalidad.
- Garantía y calidad.
- Responsabilidad social y ambiental.

Gracias por la atención prestada.
Cordialmente;
Catalina Arciniegas
Gerente General
Nikuq

Ejemplo 14.1. Carta de presentación.

14.6.4.4.4 Venta

Para la etapa de encuentro con los clientes, la gerencia general tiene planeado presentar su portfolio de productos utilizando como apoyo el siguiente discurso de presentación:

"Buenos días, doctor Juan Carlos Duarte; para nuestra empresa es muy grato podernos reunir el día de hoy. Estamos ansiosos de trabajar con usted porque consideramos que nuestros productos podrían ayudarle a incrementar las ganancias de Falabella. Nikuq cuenta con un equipo de artesanos seleccionados por sus habilidades y diseños a la hora de elaborar una joya, y es por esto que junto con los capullos de las polillas, que son la base de las joyas, le entregamos a nuestros clientes productos de excelente calidad, totalmente originales y con mucho estilo. Los capullos son elaborados por polillas de agua, las cuales los construyen en el estado larvario para protegerse de los depredadores, y una vez terminada esta etapa lo abandonan. Permítame mostrarle un cátalogo de nuestros productos, en donde usted observar detenidamente el resultado final de todo nuestro proceso de producción. Como usted podrá percibir en el catálogo, manejamos dos líneas de productos: una informal o económica, la cual se encuentra elaborada con piedras semipreciosas; y una línea de lujo, la cual se preocupa por mostrar la belleza y la elegancia de la mujer junto con las piedras preciosas que se utilizan para la construcción del capullo".

Durante la conversación con el cliente se debe estar preparado para el manejo de las objeciones con sus respectivas réplicas:

Objeciones	Réplicas
"Tengo que consultarlo con mi jefe".	"Me parece perfecto; si usted me lo permite concretamos una re-unión con él y yo le muestro todas las características que nuestro producto tiene".
"Tengo que pensarlo".	"Entiendo que necesite tiempo, ¿le parece bien si concretamos una nueva cita para el lunes o martes de la próxima semana por la mañana?".
"Llámeme la próxima semana a ver si concretamos el negocio".	"Está bien, aquí le entrego un catálogo de nuestros productos para que pueda analizar detenidamente y con tiempo las cualidades de éstos y los beneficios que le generarían a su empresa".

14.6.4.4.5 Posventa

Durante la venta puede ocurrir el cierre o sobreponerse. Por esta razón es fundamental evaluar cada detalle del proceso de negociación de la fuerza de ventas. Las variables que deben incluirse en un diario de campo de la fuerza de ventas son las siguientes:

- Factores que influyeron en el éxito/fracaso del negocio

- Herramientas utilizadas

- Herramientas que no se utilizaron. Agregar justificación

- Plan de mejoramiento

14.6.4.4.6 Presupuesto del plan de ventas personales (en miles de pesos colombianos)

Descripción	Ene.	Feb.	Mar.	Abril	Mayo	Jun.	Jul.	Agos.	Sep.	Oct.	Nov.	Dic.	Año 2008
Comisiones			300			300			300			300	1.200
Material de apoyo		150			150						150		450
Capacitaciones			1.200				1.200				1.200		3.600
Total	0	150	1.500	0	150	300	1.200	0	300	0	1.350	300	5.250

14.6.4.5 Plan de marketing directo

14.6.4.5.1 Objetivos

- Ganar y fidelizar clientes.

- Brindar por medio de un portal de Internet facilidades para la compra de productos y los beneficios que la compañía ofrece a sus clientes.

- Crear un portal eficiente, sencillo, que vaya acorde con las dos temáticas de la empresa (sencillez y naturaleza), que genere recordación para los consumidores.

- Buscar que este portal recopile bases de datos de la población objetivo con incentivos para suscribirse.

- Conocer hábitos y estilos de vida de los usuarios por medio del portal.

14.6.4.5.2 Herramientas de marketing directo

- **Catálogo online y en CD:** se utilizará un catálogo *online* con información sobre el producto, referencias, estilos, diseños y precios.

- **Página web:** Internet es un canal de comunicación, y como acompañamiento a la estrategia publicitaria se diseñará una página *web* que permita tener acceso a toda variedad de información sobre la empresa, productos y comunidades.

- **Software para el diseño de joyas:** con el fin de facilitar la compra y promover la exclusividad de los productos de Nikuq, es importante hacer una inversión para la adquisición de una aplicación informática para el diseño de joyas.

- **Bases de datos:** a través de la página *web,* una vez que se inicie el proceso de compra, los usuarios deberán completar un formulario. Con esta información se construirá una base de datos, se revisarán los pedidos y se diseñarán nuevas promociones ajustadas al perfil de cada cliente.

14.6.4.5.3 Presupuesto del plan de marketing directo (en miles de pesos colombianos)

Descripción	Ene.	Feb.	Mar.	Abril	Mayo	Jun.	Jul.	Agos.	Sep.	Oct.	Nov.	Dic.	Año 2008
Espacio Host	600												600
Base de datos	800												800
Diseño de la página *web*	1.200												1.200
Software para el diseño de joyas	1.000												1.000
Total	3.600	0	0	0	0	0	0	0	0	0	0	0	3.600

14.7 PRONÓSTICOS Y PRESUPUESTO DE MARKETING

14.7.1 Pronósticos de ventas

Pronóstico de ventas para el 2008								
	Ventas	Total 2008	Enero	Febrero	Marzo	Abril	Mayo	Junio
Línea de lujo	Pendientes	249.036.800	17.432.576	17.432.576	17.432.576	17.432.576	37.555.520	17.432.576
	Collares	193.044.480	13.513.114	13.513.114	13.513.114	13.513.114	28.956.672	13.513.114
	Pulseras	66.969.600	4.687.872	4.687.872	4.687.872	4.687.872	10.045.440	4.687.872
Línea normal	Pendientes	566.394.880	39.647.642	39.647.642	39.647.642	39.647.642	84.959.232	39.647.642
	Collares	155.934.720	10.915.430	10.915.430	10.915.430	10.915.430	23.390.208	10.915.430
	Pulseras	-	-	-	-	-	-	-
	Total de ventas	527.810.560	86.196.634	86.196.634	86.196.634	86.196.634	184.707.072	86.196.634

	Ventas	Julio	Agosto	Septiembre	Octubre	Noviembre	Diciembre
Línea de lujo	Pendientes	17.432.576	17.432.576	17.432.576	17.432.576	17.432.576	37.355.520
	Collares	13.513.114	13.513.114	13.513.114	13.513.114	13.513.114	28.956.672
	Pulseras	4.678.872	4.678.872	4.678.872	4.678.872	4.678.872	10.045.440
Línea normal	Pendientes	39.647.642	39.647.642	39.647.642	39.647.642	39.647.642	84.959.232
	Collares	10.915.430	10.915.430	10.915.430	10.915.430	10.915.430	23.390.208
	Pulseras	-	-	-	-	-	-
	Total de ventas	86.196.634	86.196.634	86.196.634	86.196.634	86.196.634	184.707.072

14.7.2 Pronósticos de costes directos de ventas

Pronóstico de los costos directos de las ventas para el 2008							
Costes	Total	Enero	Febrero	Marzo	Abril	Mayo	Junio
Materia prima	785.065.574	59.712.307	59.712.307	59.712.307	59.712.307	93.971.251	59.712.307
Costes fijos	30.000.000	2.500.000	2.500.000	2.500.000	2.500.000	2.500.000	2.500.000
Mano de obra directa	51.800.000	51.800.000	3.500.000	3.500.000	3.500.000	8.400.000	3.500.000
Empaquetados	6.542.213	497.603	497.603	497.603	497.603	783.094	497.603
Total costes	873.407.788	66.209.910	66.209.910	66.209.910	66.209.910	105.654.345	66.209.910

Costes	Julio	Agosto	Septiembre	Octubre	Noviembre	Diciembre
Materia prima	59.712.307	59.712.307	59.712.307	59.712.307	59.712.307	93.971.251
Costes fijos	2.500.000	2.500.000	2.500.000	2.500.000	2.500.000	2.500.000
Mano de obra directa	3.500.000	3.500.000	3.500.000	3.500.000	3.500.000	8.400.000
Empaquetados	497.603	497.603	497.603	497.603	497.603	783.094
Total costes	66.209.910	66.209.910	66.209.910	66.209.910	66.209.910	105.654.345

14.7.3 Presupuesto de marketing
(en miles de pesos colombianos)

Gastos	Ene.	Feb.	Mar.	Abril	Mayo	Jun.	Jul.	Agos.	Sep.	Oct.	Nov.	Dic.	Año 2008
Plan de publicidad	4.234				15.000	900							20.134
Plan de promoción de ventas	184	184	184	184	1.107	381	303	303	303	303	303	652	4.391
Plan de relaciones públicas	205	200	200	200	9.416	751	205	200	949	200	200	737	13.463
Plan de ventas personales	0	150	1.500	0	150	300	1.200	0	300	0	1.350	300	5.250
Plan marketing directo	3.600												3.600
Investigación de marketing						8.000							8.000
Lanzamiento de producto			12.000										12.000
Total	8.223	534	13.864	384	25.673	10.332	1.708	503	1.552	503	1.853	1.689	66.838
% sobre ventas	10	1	16	0	14	12	2	1	2	1	2	1	5
Margen de contribución	11.764	19.453	6.103	19.603	53.380	9.655	18.279	19.484	18.435	19.484	18.134	77.364	291.135
Margen de contribución/ ventas (%)	14	23	7	23	29	11	21	23	21	23	21	42	24

14.8 PLAN DE SEGUIMIENTO

14.8.1 Cronograma de actividades para 2008

Actividades	Fecha de inicio	Fecha de finalización	Presupuesto ($)	Responsable
Presentación del plan de marketing	12/01	12/01	-	Gerente General
Ajustes del plan de marketing	13/01	18/01	-	Gerente General
Lanzamiento de producto	02/02	30/03	12.000.000	Gerente de operaciones
Investigación de mercados	15/06	06/09	8.000.000	Firma consultora
Plan de publicidad	28/01	15/02	20.134.000	Agencia publicitaria
Plan de promoción de ventas	12/02	15/12	4.391.000	Gerente General
Plan de relaciones públicas	23/02	08/10	13.463.000	Gerente General
Plan de ventas personales	02/01	10/12	5.250.000	Gerente General
Plan de marketing directo	02/01	15/12	3.600.000	Gerente General
Revisión del plan de marketing	03/03	08/10	-	Gerente de operaciones
Evaluación del plan de marketing	15/11	18/12	-	Gerente General

14.8.2 Controles

Control previo

Se lleva a cabo una prueba piloto del plan de marketing antes de ser aprobado por la Junta Directiva. Esta prueba se revisará previamente con el fin de lograr impactar positivamente a los miembros de la junta. La prueba llevará las correcciones necesarias en cuanto a propuestas, ideas, cifras, redacción, gramática, entre otros aspectos vitales para dar a conocer el plan de marketing.

Inicialmente es importante informar a los miembros del equipo sobre todos los cambios realizados o las nuevas propuestas surgidas, con el fin de que se tenga un amplio conocimiento sobre el tema y que no se presenten malentendidos. Igualmente es necesario controlar el presupuesto de marketing inicial, ya que por el hecho de ser una empresa nueva, no es muy recomendable tener deudas tan elevadas debido a la falta de dinero. La idea es mostrar un proyecto impecable que realmente llame la atención de la Junta Directiva, de tal forma que logre ponerse en marcha.

Control concurrente

Durante el proceso de ejecución del plan, se realizarán seguimientos previos cada tres meses, con el fin de que se puedan detectar las carencias, corregirlas y mejorarlas constantemente, respecto al área financiera, comercial y de producción. Es necesario evaluar cómo se está desarrollando el plan en cuanto al cumplimiento de los objetivos propuestos inicialmente, a los costes presupuestados y al tiempo planeado de acuerdo con el cronograma de actividades.

Igualmente es preciso medir los resultados obtenidos durante el transcurso del plan, es decir, percatarse de su buen o mal funcionamiento, con el fin de seguir desarrollando correctamente los aspectos que se han trabajado de acuerdo con el plan y corrigiendo inmediatamente aquellas actividades que no van de acuerdo con el proyecto o que no han resultado efectivas. De esta manera, la evaluación trimestral permite un mayor control sobre el desarrollo adecuado de las actividades, ya que logra detectar los errores a tiempo, para su fácil perfeccionamiento.

Control de retroalimentación

Una vez concluido el plan de marketing, se le presentará a la Junta Directiva un informe en donde consten los resultados finales. De esta manera se evaluará el desarrollo y la evolución del plan frente a lo que se tenía presupuestado en un principio y lo que finalmente se mostró como resultado. En este punto se podrán identificar los vacíos y los baches que se generaron en el transcurso de las actividades, de modo que se puedan superar esos problemas, escuchar las opiniones, las críticas y las sugerencias por parte de la Junta Directiva hacia la empresa.

Por medio de esta retroalimentación, Nikuq podrá tener una visión más clara de lo que quiere realizar en el futuro, de manera que teniendo estas nuevas pautas, es más fácil enfocar correctamente las actividades hacia los objetivos financieros y de marketing propuestos. La idea es que la empresa alcance sus objetivos y lleve a cabo el plan de marketing acorde con lo pronosticado en un principio.

GLOSARIO

Adaptación: cuando se adapta un producto a un contexto específico, se ajusta a las diversas necesidades y demandas de otros mercados, generalmente internacionales.

Audiencia objetivo: son las características de las personas o familias que están expuestas a un tipo particular de medios publicitarios.

Branding: el proceso por el cual las compañías distinguen sus productos de los de la competencia es el *branding*. Término en inglés que hace referencia a la gerencia de marca. Ésta es una tendencia que ha ido creciendo entre las empresas en la última década.

Chat **asincrónico:** espacios de intercambio de información o comunicación entre los usuarios en tiempo virtual. Por ejemplo, el correo electrónico.

Chat **sincrónico:** espacios de intercambio de información o comunicación entre los usuarios en tiempo real. Por ejemplo, la utilización del MSN (*Messenger*).

Ciclo de vida de la familia: es un modelo que representa cómo la estructura de una familia cambia naturalmente a través del tiempo y de las relaciones familiares que se establecen en su interior.

Cliente: persona o empresa que ejecuta el acto de la compra. Un cliente puede ser un comprador, consumidor o un canal de distribución.

Comportamiento del consumidor: hace referencia al proceso y a los factores que influyen en la toma de decisiones de compra del consumidor.

Cultura: es un sistema de creencias, valores y comportamientos adquiridos y compartidos por un grupo social.

Demarketing: es el proceso de reducir la demanda de un producto o disminuir su consumo.

Diferenciación: cuando los bienes y servicios tienen un elemento único que les permite destacarse del resto.

Disonancia cognoscitiva: es el arrepentimiento después de la compra. Esta situación se produce por la indecisión del consumidor y por la compra por impulso.

E-commerce: comercio electrónico. Es una estrategia de los negocios electrónicos para realizar transacciones comerciales *online*.

Efecto comparativo: después de efectuada la compra, el consumidor compara el precio del bien adquirido en relación con otros productos ubicados en diferentes puntos de venta.

Estrategia del canal: es la asignación de funciones y papeles dentro de un canal de la distribución. Es la forma en que se administra formal o informalmente un canal de distribución.

Focus group: es una herramienta de la investigación de mercados. Su finalidad es reunir a un grupo reducido de clientes para que participen en una discusión guiada sobre un tema en particular.

Goodwill: es una marca con prestigio, reconocimiento y buen nombre.

Hipermercados: son cadenas de almacenes o autoservicios con amplias instalaciones (superiores a 5.000 metros cuadrados) en los cuales se comercializa una amplia gama de productos como: ropa, electrodomésticos, bienes de consumo masivo, entre otros.

Influenciador: persona que ejerce presión en la decisión de compra.

Intangibilidad: es una característica de los servicios, que describe su naturaleza no física.

Marketing: es un conjunto de prácticas empresariales orientadas a la construcción de una oferta de marketing acorde con el valor percibido por clientes y consumidores. El marketing normalmente se centra en un bien o servicio. El término marketing hace referencia a la palabra en inglés de comercialización.

Merchandising: exhibición en el punto de venta.

Mezcla promocional: es una estrategia que combina publicidad con promoción de ventas.

Material pop (*Point of Purchase*): objetos promocionales ubicados en el punto de venta, los cuales se utilizan para atraer la atención de la demanda.

Neuromarketing: estudia la manera en que el cerebro del consumidor responde ante diferentes estímulos. Busca registrar respuestas conscientes o inconscientes de los consumidores que afectan su decisión de compra.

Nicho de mercado: son pequeños segmentos de mercado donde los negocios deciden concentrar sus esfuerzos, se demandan productos especializados y hay un reducido número de competidores.

Nuevo producto: es un producto que se percibe como nuevo por los clientes potenciales. Puede haber estado disponible durante algún tiempo, pero algunos clientes potenciales aún no han adoptado el producto, ni han decidido convertirse en un comprador habitual del mismo.

***Packaging*:** es la manera de presentar los productos al público objetivo. Uno de los medios más utilizados es el empaquetado.

Promoción: estrategia que busca mantener el producto en la mente del consumidor. Además, ayuda a estimular la demanda del producto a través de medios publicitarios, herramientas y tácticas que incentiven su compra rápidamente.

Satisfacción del consumidor: es el grado en el cual se superan las expectativas del consumidor respecto a un producto.

Segmentación por beneficios: es el proceso de dividir el mercado según los beneficios buscados por los consumidores.

Stakeholders: grupos de interés de la empresa. Está conformado por las personas y organizaciones que tienen un vínculo con la empresa, por ejemplo: gremios, consumidores, entidades gubernamentales.

***Top of Mind* (TOM):** ocurre cuando se le pregunta a un individuo sobre la marca de una categoría de producto determinada. El listado de las primeras marcas que recuerde el individuo se ubican en el *Top of Mind*.

Valor agregado: se refiere un valor adicional que se le otorga a un producto como consecuencia de una actividad particular.

BIBLIOGRAFÍA

AAker, Kumar y Day. *Investigación de mercados.* Méjico: Limusa Wiley. 2001

Alonso, G. *INFOBRAND Revista de marketing, branding y comunicación.* 14 de febrero del 2006. Recuperado el 15 de julio del 2008, de Marketing de la experiencia: http://www.in fobrand.com.ar/nota.php?idx=6984

American Marketing Association. Marketing News. Febrero 15 del 2007. Consultado el 13 de marzo del 2007. Disponible en: http://www.marketingpower.com

American Psychological Association. Manual of the American Psychological Association (Fifth edition ed.). 2001. USA: American Psychological Association.

Asociación Colombiana de Packaging. 18 de abril del 2007. Sitio web oficial. Recuperado el 4 de mayo del 2007, de Normas Técnicas Colombianas sobre envases y empaques: http://www.acolpack.com/Imagenes/Normas_t_cnicas_de_empaques.pdf

Assael, H. *Comportamiento del consumidor.* Méjico: Thomson. 1999.

Batra, R., Myers, J. y Aaker, D. *Advertising Management.* Prentice Hall. 1992.

Benassini, M. *Introducción a la investigación de mercados.* Méjico: Pearson. 2001.

Bertran Vall, J. *Marketing en un mundo global.* España: Editorial McGraw-Hill. 2003.

Buil, I., Martínez, E. & Montaner, T. *El comportamiento del consumidor ante la promoción de ventas y la marca de distribuidor.* Universia Business Review, 22-35. 2007.

Burgos, D. y De-León, L. *Comercio electrónico, publicidad y marketing en internet.* España: McGraw-Hill. 2001.

Burns, A. y Bush, R. Marketing Research. Prentice Hall. 2006.

Business Week. "Casos de éxito en Marketing". Méjico, D.F.: McGraw-Hill. 2007.

Carlton, M. *You've got to experience it to buy it.* NZ Business, 20 (4), 12-13. 2006.

Casa Editorial *El Tiempo*. (7 de febrero del 2005). Farmacity abre camino a las tiendas de medicamentos en Colombia. Diario *El Tiempo*.

Chase, L. *Comercio electrónico: tácticas probadas para hacer negocios en Internet.* Méjico D.F.: Limusa Wiley. 2000.

Clemente, P. *El estado de la Net. La nueva frontera.* Bogotá: McGraw-Hill. 1999.

Domenech, E. y Almiron, N. *Negocios 3.0 Mitos y realidades de Internet y la nueva economía.* Barcelona: Ediciones Vergara Business. 2001.

Echeverri, L. M. *Marketing digital: ¿en qué fase TIC se encuentra su empresa?* Bogotá. CESA. 2006.

Echeverri, L. M. (24 de marzo del 2007). *Textos de Cibersociedad.* Recuperado el 12 de septiembre del 2007, de la digitalización del marketing: http://www.cibersociedad.net/textos/articulo.php?art=115

Farmacity (s. f.). Sitio web oficial. Recuperado el 27 de octubre del 2007, de Farmacity Institucional: http://www.farmacity.com.ar/ar/institucional.html

Fernández, R. *Manual para elaborar un plan de mercadotecnia.* McGraw-Hill. 2007.

Ferrell, O. C. y Hartline, M. D. *Estrategia de marketing* (tercera edición). Méjico D.F., Méjico: International Thomson Editores S.A. de C.V. 2006.

Franco, M. (s. f.). Mercadotecnia. Recuperado el 7 de agosto del 2008, de Claves de marketing: el concepto marca país: http://www.mekate.com/detrasde-marcapais.htm

Gates, R. y McDaniel, M. *Investigación de mercados contemporánea* (cuarta edición ed.). Colombia: International Thomson. 1999.

Hartman, y Sifonis. Net Ready; Strategies for succes in the E-conomy. Nueva York: McGraw-Hill Book Company. 2000.

Healey, M. What is Branding? (Essential Design Handbooks). Suiza: RotoVision Books. 2008.

IDSA. 2006. Idea Winners 2007. Recuperado el 17 de marzo del 2007, de http://images. busi nessweek.com/ss/07/07/0720_IDEA/index_01.htm

Kerin, R. A., Berkowitz, E. N., Hartley, S. W, y Rudelius, W. *Marketing* (séptima edición ed.). (R. A. Sánchez López, J. L. Blanco, & J. F. Dávila Martínez, Trads.) Méjico, D.F.: McGraw-Hill. 2004.

Kotler, P. (1 de septiembre del 2005). Estrategia Magazine. Recuperado el 15 de julio del 2008, de El desafío de crear experiencias: http://www.estrategiamagazine.com.ar / ediciones/edicion0062/marketing.asp

Kotler, P. y Armstrong, G. *Marketing* (décima edición). Madrid: Pearson Prentice Hall. 2004.

Kotler, P. y Keller, K. L. *Marketing Management* (décima segunda edición). New Jersey, United States of America: Pearson Prentice Hall. 2006.

Lamb, Hair y McDaniel. *Marketing.* Méjico: Editorial Thomson. 2002.

Malhotra, N. *Investigación de mercados: un enfoque práctico.* Méjico: Prentice Hall. 2004.

McCarthy, J. y Perrault, W. *Marketing un enfoque global.* Méjico: Irwin McGraw-Hill. 2001.

Organización Mundial de la Propiedad Intelectual (s. f.). Organización Mundial de la Propiedad Intelectual. Recuperado el 16 de julio del 2008, de Las marcas: http:// www.wipo.int/ trademarks/es/trademarks.html

Polonsky, M. J. y Mintu-Wimsatt, A. Environmental Marketing: Strategies, Practice, Theory, and Research. United States of America: The Haworth Press Inc. 1997.

Porter, M. In Search of a Competitive Identity: Towards a Competitiveness Agenda for Colombia. Cartagena. 2005.

Quala S.A. (s. f.). Sitio web oficial. Recuperado el 2 de enero del 2007, de Nuestras marcas: http://www.quala.com.co/v2/nmarcas.php?cty_id=1

Quelch, J. ¿Es su marca verdaderamente Global? *Harvard Business Review,* 30-34. 2007.

Raap, S. y Martin, C. Max-e marketing. Los siete imperativos para desmarcarse de la competencia en la economía en red. España: McGraw-Hill. 2002.

Ramos, H. Lo nuevo bajo el sol. Revista *Expansión,* 38-39. 2007.

Renart, L. (junio del 2001). IESE Business School. Recuperado el 8 de diciembre del 2006, de Marketing relacional: oportunidades en internet: http://www.ee-iese.com/82/82pdf/afondo3.pdf

Revista Publicidad y Mercadeo. (Agosto del 2005). Las ambiciones ocultas de una megamarca. Revista PyM, 23-29.

Ríos, J. M. *Manual de marketing directo.* Bogotá: Intermedio Editores. 2004.

Rivas, J. A. y Grande, I. *Comportamiento del consumidor* (quinta ed.). ESIC Editorial. 2004.

Schiffman, L. G. *Comportamiento del consumidor.* Pearson Educación. 2005.

Schmitt, B. y Schmitt, B. H. Customer Experience Management: A Revolutionary Approach to Connecting With Your Customers. New Jersey: Jhon Wiley & Sons. 2003.

Schnaars, S. *Estrategias de marketing: un enfoque orientado al consumidor.* Ediciones Díaz de Santos. 1994.

Shiffman, L. y Lazar Kanuk, L. *Comportamiento del consumidor.* Méjico: Prentice Hall. 2001.

Silverman, G. *Los secretos del marketing boca a boca.* Bogotá: Editorial Norma. 2001.

Solé, M. L. *Los consumidores del siglo XXI* (segunda ed.). ESIC Editorial. 2003.

Stanton, E. y Walker. Fundamentos de marketing. Méjico: McGraw-Hill. 2004.

Trespalacios, J. A. y Vázquez, R. *Marketing: estrategias y aplicaciones sectoriales.* Madrid: Civitas Ediciones. 1999.

Vivas, A. La virtualización de la administración del mercadeo: una realidad incontrovertible en la nueva economía. (T. e. Fondo Nacional de Ciencia, Ed.) UNESR GERENCIA 2000 Empresa, Estado y Sociedad Informacional (4), 76-86. 2003.

Wharton. (2007). La estrategia de la manzana. Revista *Expansión,* 145-148.

Yankelovich, D. y Meer, D. 2006. *Harvard Business Review.* Retrieved julio 22, 2007, from Rediscovering Market Segmentation: http://www.viewpointlearning.com/ publications/ articles/segmentation_0206.pdf

SÍGUENOS EN INSTAGRAM Y ACCEDE GRATIS A NUESTRA BIBLIOTECA DIGITAL DURANTE 30 DÍAS.

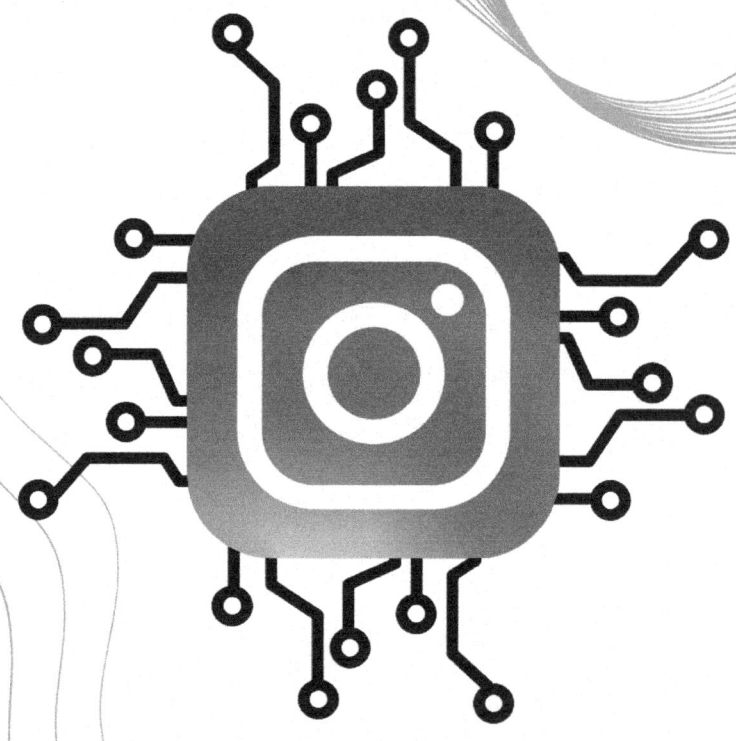

@grupoeditorialrama

¡ENVIANOS TU MAIL POR PRIVADO!

Grupo Editorial
ra-ma

40 ANIVERSARIO